新 社会福祉士養成課程対応

ソーシャルワーカー教育シリーズ②

新版 ソーシャルワークの
理論と方法Ⅰ
【基礎編】

監修
相澤 譲治
編集
津田 耕一
橋本 有理子

JN122913

みらい

新・社会福祉士養成課程対応

ソーシャルワーカー教育シリーズ❷

新版 ソーシャルワークの理論と方法Ⅰ【基礎編】

執筆者一覧

（執筆順）

【監　修】相澤　譲治　神戸学院大学

【編　集】津田　耕一　関西福祉科学大学

橋本有理子　関西福祉科学大学

【執　筆】相澤　譲治　（前出）　　　　　　本書のねらいと学習内容

長澤真由子　広島国際大学　　　　第1章

小嶋　章吾　国際医療福祉大学　　第2章

橋本有理子　（前出）　　　　　　第3章・第4章第1節・
　　　　　　　　　　　　　　　　第6章（共同執筆）

津田　耕一　（前出）　　　　　　第4章第2節・第5章第1節

遠藤和佳子　関西福祉科学大学　　第5章第2・3・4節

阪田憲二郎　神戸学院大学　　　　第6章（共同執筆）

増田　和高　武庫川女子大学　　　第7章

一村小百合　関西福祉科学大学　　第8章

岩本　裕子　関西国際大学　　　　第9章

中島　尚美　大阪公立大学　　　　第10章

まえがき

　人々の生活は実に多様化し、生活上の問題も多様化・複雑化している。多様な問題を抱えて生活している人々の生活を支援していくにあたって、ソーシャルワークは、重要な役割を果たしている。クライエントの生活を総合的にアセスメントし、クライエントの意向を十分に踏まえた支援が不可欠となっている。また、分野横断、包括的な支援システム、といったことばに代表されるように、複雑に入り組んだ問題に対し、特定の分野・領域の特定の対象者に限定された支援にとどまらず、ジェネラリストの養成が求められている。加えて、地域福祉の時代にあって、地域にも目を向けたソーシャルワークが重要視されている。そこでは、ソーシャルワークの理論を踏まえ、より専門性の高い支援が求められている。

　このような時代背景のなか、社会福祉士養成カリキュラムの見直しが行われ、科目名称にも「ソーシャルワーク」ということば正式に用いられるようになった。地域に根差した生活支援が強調されるなか、ソーシャルワークの役割はますます重要視されるであろう。

　本書では、ソーシャルワークの理論を簡潔に整理し、実践モデルや実践アプローチを紹介するとともに、エコシステム理論を取り上げている。ソーシャルワークが「人と環境との関係」を重視し、「環境のなかの人」、「固有な生活全体の理解」として支援を展開するところに固有性の一つがあるといわれている。そのことからも、エコシステム理論は重要な考えといえる。それぞれの実践モデルや実践アプローチを別々のものととらえるのではなく、有機的に活用していくことも求められているといえよう。

　支援の展開過程では、各局面（フェーズ）について概説しているが、単独で存在するのではなく、つながりのなかで支援の展開が成り立っている。支援過程全体の枠組みや流れを理解していただきたい。

　さらに、支援の質の向上に不可欠な記録やスーパービジョンについても最新の動向を踏まえ記述している。

　本書は、3巻シリーズの第2巻である。本シリーズの第1巻がソーシャルワークの土台部分を担い、第2巻が枠組みを示した形になっている。本書でソーシャルワークの全体像をイメージしていただき、さまざまなモデルやアプローチの特徴や有効性について学んでいただきたい。

2021年4月

編者　津田　耕一

もくじ

本書のねらいと学習内容

1．本シリーズの編集意図

　2021（令和3）年度からはじまった社会福祉士養成課程のカリキュラムにおいて、ソーシャルワーク専門科目は「ソーシャルワークの基盤と専門職」（共通30時間＋専門30時間）と「ソーシャルワークの理論と方法」（共通60時間＋専門60時間）の2科目である（共通とは精神保健福祉士養成の科目と共通であることを指す）。

　伝統的な表現をすれば、ソーシャルワークの方法におけるケースワーク、グループワーク、コミュニティワーク等をふまえた「総合的かつ包括的な支援」、つまり「ジェネリック」（総合的な知識や技術）の視点に基づく利用者支援の理念と専門的知識、技術について学習する科目として位置づけられている。

　なお、旧カリキュラムでは、下記の「社会福祉士及び介護福祉士法」第2条の社会福祉士の定義に倣い「ソーシャルワーク」は「相談援助」と表記されていたが、新カリキュラムでは、従来から社会福祉の援助技術の総称として使われていた「ソーシャルワーク」と表記するようになった。

社会福祉士及び介護福祉士法　第2条
　この法律において「社会福祉士」とは、第28条の登録を受け、社会福祉士の名称を用いて、専門的知識及び技術をもって、身体上若しくは精神上の障害があること又は環境上の理由により日常生活を営むのに支障がある者の福祉に関する相談に応じ、助言、指導、福祉サービスを提供する者又は医師その他の保健医療サービスを提供する者その他の関係者（第47条において「福祉サービス関係者等」という。）との連絡及び調整その他の援助を行うこと（第7条及び第47条の2において「相談援助」という。）を業とする者をいう。

　社会福祉士は、福祉に関する「相談」、「助言」、「指導」および他専門職との「連絡」、「調整」、「その他の援助」の相談援助を含めたソーシャルワークを行う専門職である。また、ソーシャルワーク専門職である社会福祉士の役割については、厚生労働大臣の諮問機関である社会保障審議会において次の3つの内容が示されている[1]。

① 社会福祉士は、高齢者支援、障害児者支援、子ども・子育て支援、生活困窮者支援等の幅広い分野で活用されている。また、社会保障分野のみならず、教育や司法などの分野においてもその活用が期待されている。

② 少子高齢化の進展など、社会経済状況の変化によるニーズの多様化・複雑化に伴い、既存の制度では対応が難しい様々な課題が顕在化してきている。また、子ども・高齢者・障害者など全ての人々が地域、暮らし、生きがいを共に創り、高め合うことができる「地域共生社会」の実現を目指しており、社会福祉士には、ソーシャルワークの機能を発揮し、制度横断的な課題への対応や必要な社会資源の開発といった役割を担うことができる実践能力を身につけることが求められている。

③ 地域共生社会の実現に向けた各地の取組には、社会福祉士が中心となり、地域住民等と協働して地域のニーズを把握し、多職種・多機関との連携を図りながら問題解決に取り組んでいる事例などがある。地域の様々な主体と連携した取組が必要となる中で、社会福祉士には、地域住民の活動支援や関係者との連絡調整などの役割を果たすことが求められている。

　本シリーズでは、上記で示された役割を担う「社会福祉士」の養成を含みつつも、さらに「相談援助」業務に限定されない真のソーシャルワーカーの養成を目標とした内容とした。それは「国際ソーシャルワーカー連盟・国際ソーシャルワーク学校連盟」の「ソーシャルワーク専門職のグローバル定義」をふまえたソーシャルワーカーの養成をしていくことが妥当と考えたからである。

ソーシャルワーク専門職のグローバル定義（2014年）

　ソーシャルワークは、社会変革と社会開発、社会的結束、および人々のエンパワメントと解放を促進する、実践に基づいた専門職であり学問である。社会正義、人権、集団的責任、および多様性尊重の諸原理は、ソーシャルワークの中核をなす。ソーシャルワークの理論、社会科学、人文学、および地域・民族固有の知を基盤として、ソーシャルワークは、生活課題に取り組みウェルビーイングを高めるよう、人々やさまざまな構造に働きかける。

　この定義は、各国および世界の各地域で展開してもよい。

　ソーシャルワークは、人々が主体的に生活課題に取り組みウェルビーイング（人間一人ひとりのしあわせ）を高めるために、多様な人々とともにさまざまな構造にはたらきかけている実践であり、学問である。そして、ソーシャルワークは人と環境の接点にはたらきかけることに固有性があり、エコロジカルな視点が前提となる。

以上の基本的視点をふまえて、本シリーズでは「ソーシャルワーク」「ソーシャルワーカー」の表記を使用している。そして、それらの表現を使用し、ソーシャルワークの価値、倫理と専門的知識と技術をふまえ、ソーシャルワーカー養成にこだわったシリーズと章構成としている。また、「ソーシャルワーク教育」ではなく、「ソーシャルワーカー教育」としたのは、専門職者である人材育成を展開する視点から教授内容を検討したからである。

国民の生活課題がますます多様化・拡大化・複合化しているなかで、ソーシャルワーカー自身が、より深く、広い専門知識と技能の修得が求められている。したがって生活支援の専門職者であるソーシャルワーカー養成はますます重要視され、高度化していくであろうし、ソーシャルワークを教授する側、学ぶ側双方の真摯な学びが不可欠であるといえる。

2．本書の目標と学習課題

ソーシャルワーカー教育シリーズ全3巻のなかで、第2巻と第3巻は社会福祉士養成課程で「ソーシャルワークの理論と方法」に対応している。第2巻の本書は精神保健福祉士との共通科目に対応し基礎的なソーシャルワークの理論や過程を学ぶ。第3巻は「専門」と位置づけられた科目に対応し、ソーシャルワークのさまざまな技術や方法、実際を学ぶよう構成されている。

時間数は共通・専門科目ともに60時間で合わせて120時間となり、1週間に1回1コマ（90分授業）であれば2年間（4セメスター）にわたる時間数となる。

本書が対応する社会福祉士養成カリキュラムにおける共通科目の教育内容のねらいは、次の5項目である。

① 人と環境との交互作用に関する理論とミクロ・メゾ・マクロレベルにおけるソーシャルワークについて理解する。

② ソーシャルワークの様々な実践モデルとアプローチについて理解する。

③ ソーシャルワークの過程とそれに係る知識と技術について理解する。

④ コミュニティワークの概念とその展開について理解する。

⑤ ソーシャルワークにおけるスーパービジョンについて理解する。

この5項目をより具体的な教育内容の例としては、下記のとおりである。

① システム理論、ミクロ・メゾ・マクロレベルにおけるソーシャルワークの学び

② 治療モデル、生活モデル、ストレングスモデルやさまざまなアプローチの学び

③　インテーク、アセスメント等のソーシャルワークのプロセス（過程）の
　　学び
④　ソーシャルワークの記録の学び
⑤　ケアマネジメントの学び
⑥　グループワークの学び
⑦　コミュニティワークの学び
⑧　スーパービジョンの学び

　ソーシャルワーク専門職のグローバル定義の注釈にある「実践」項目の一文
には「ソーシャルワークの正統性と任務は、人々がその環境と相互作用する接
点への介入にある。環境は、人々の生活に深い影響を及ぼすものであり、人々
がその中にある様々な社会システムおよび自然的・地理的環境を含んでいる」
とある。環境や社会システムの理解は、心理学、社会学等の基礎科学である。
　繰り返しになるがソーシャルワークは、それらの理論を利用して、その独自
性といえる「ソーシャルワークの正統性と任務は、人々がその環境と相互作用
する接点への介入にある」とし、フォン・ベルタランフィ（Bertalanffy, L.）
によって提唱された「一般社会システム理論に依拠しながら、人は環境にはた
らきかける、他方環境も人にはたらきかける（人と環境との相互作用）」とい
う考え方、すなわちエコロジカル（生態学的）視点について、現代のソーシャ
ルワークを理解することが第一の学習の目標である（第1章）。しかし、この
学びの際のキーワードである「一般システム論」や「生態学理論」等の理論を
完全に理解することはなかなか難しいかもしれないが、現代のソーシャルワー
ク実践においてクライエントを全体的に理解し、支援していく際には、この「人
と環境と相互に影響しあう接点」に介入することが重要であることを確認して
おきたい。
　この基本的視点に基づいて現代の多様な生活課題を解決していくためにさま
ざまな実践モデルとアプローチがあることを学ぶことになる（第2章）。実践
モデルやアプローチは、ソーシャルワークの科学化への希求の必然物である。
また、多様な生活課題を解決していくために、それぞれの対象の特性に応じた
実践アプローチの諸理論に依拠しながら発展、応用展開していることについて
学ぶ。
　続いてソーシャルワークの展開過程について詳細に学習する（第3章〜第5
章）。ソーシャルワーク実践は、専門的な社会的実践であることから、一定の
プロセスが存在する。いわば、支援の開始から終結までのプロセスについての
具体的な理解が学習の目標となる。そのうえで記録や実践方法の理論を学んで

いく（第6章〜第10章）。

3．本書を学ぶ際の基本的文献

　本書はソーシャルワークを学んでいくにあたって、必要な項目を体系的に編集して構成したテキストである。したがって、本書での学びを進めていくうちに、もう少し深い内容を学んでみたい、また、他の研究書も参考にしてみたい、という場合もあるだろう。そこで、本書の学びをより充実するための文献を紹介するので、本書と併せてぜひ一読することをお勧めしたい（※は、本書で引用されている文献）。

① 平山尚ほか著『人間行動と社会環境』ミネルヴァ書房　2000年
② 平山尚ほか著『社会福祉実践の新潮流』ミネルヴァ書房　1998年
③ ジャーメイン／ギッターマン著・田中禮子ほか監訳『ソーシャルワーク実践と生活モデル』（上）（下）ふくろう出版　2008年
④ 久保紘章ほか編著『ソーシャルワークの実践モデル』川島書店　2005年（※）
⑤ ロバートW．ロバーツ／ロバートH．ニー編・久保紘章訳『ソーシャル・ケースワークの理論Ⅰ』川島書店　1985年（※）
⑥ 白澤政和ほか編著『社会福祉援助方法』有斐閣　1999年（※）

第1章 ソーシャルワークの理論

【学びの目標】

　ソーシャルワークにおける問題解決は、クライエントのコンピテンスの発揮を支援することによって達成される。コンピテンスの状況はクライエントの生活を人と環境の交互作用としてとらえることで、理解することができる。この章では、クライエントの生活を人と環境の交互作用として理解するための理論となるシステム思考と生態学的視座の特徴を理解し、その両者を融合させたエコシステム視座について学ぶ。また、生活理解・支援の方法としてミクロ・メゾ・マクロレベルのソーシャルワークについて学ぶ。

① 　ソーシャルワークにおいてクライエントの生活を人と環境の交互作用としてとらえる意味を学ぶ。

② 　システム思考、生態学的視座、エコシステム視座の内容と特徴を学ぶ。

③ 　ミクロ・メゾ・マクロレベルでの生活理解の方法を学ぶ。

1．ソーシャルワークにおける生活理解

（1）コンピテンス発揮の支援

　ソーシャルワーカーが問題解決において果たす役割は、クライエントの問題解決能力をエンパワメントすることにある。エンパワメントはソーシャルワークに導入された当初、社会的に抑圧された人たちが、パワーが欠如した状態から回復することを支援する方法であった。しかし現在では、生活において起こる問題を、自ら解決する能力をクライエント自身が回復・維持・発見することを支援する方法として理解されている。

　ソーシャルワークにおけるエンパワメントでは、問題解決の主体はクライエントであり、人間は誰でも社会で生活していくためにその人固有の問題解決の

能力をもっているという、人間の可能性を信頼した人間理解への価値観が前提となっている[1]。人間のもつその人固有の問題解決の能力をコンピテンスという。もともとコンピテンスとは、「心理学的な自我概念を、生活場面に具体的に投影し、自らのより良い生活を構築することへの意欲や自主的な態度」を意味している[2]。人間はコンピテンスを発揮することによって、自分なりに調和のとれた生活をつくりあげているのである。

コンピテンスには、内的コンピテンスと外的・環境的コンピテンスがある[3]。内的コンピテンスとは、環境の変化に対して、自らを効果的に機能させる適応能力のことである。これは知覚・知性・言語など、発生した状況の認識や予測、問題処理への対応能力に加え、本来の性格や生活経験から培われた思考や習慣などの特性から成るパーソナリティなどがあげられる。さらに、身体的・精神的健康も状況認識や対処方法に大きな影響を与えるところから内的コンピテンスと考えられる。

一方で人間は、環境の変化に適応するため自らの保有する社会資源を活用する外的・環境的コンピテンスをもっている。経済力や家族・職場・近隣などの人間関係、制度的支援や地域支援などの社会資源やネットワークを活用し、よりよい生活をつくりあげる能力をもっている。これが外的・環境的コンピテンスである。このようにコンピテンスは、個人の内面的な知的・心身的・経験的・属性的な能力とともに、社会資源としての環境も含んだ概念である。ソーシャルワークにおける問題解決は、問題解決に有効なコンピテンスの発見とその発揮を促進することによって、クライエント主体の問題解決を支援する発想にある。

（2）人と環境の交互作用

クライエントを取り巻く環境は、時間とともに常に変化する。クライエントは、この変化にコンピテンスを発揮し、自らの変革と環境への働きかけによって適応する。その繰り返しの過程がクライエントと環境の交互作用となり、クライエントの均衡・調和がとれた生活がつくりあげられていく。

しかし、何らかの原因によってコンピテンスの発揮が妨げられ、クライエントと環境の交互作用のバランスが崩れてしまう場合がある。ソーシャルワークでは、このクライエントと環境の交互作用における不均衡を問題解決の焦点とする。クライエントと環境の交互作用においてコンピテンスが発揮されるよう支援することによって、クライエントと環境の不均衡を解消し、生活の均衡・調和の回復・維持をめざすのである。図1-1はソーシャルワークにおけるク

図1－1　コンピテンスを発揮する支援のイメージ

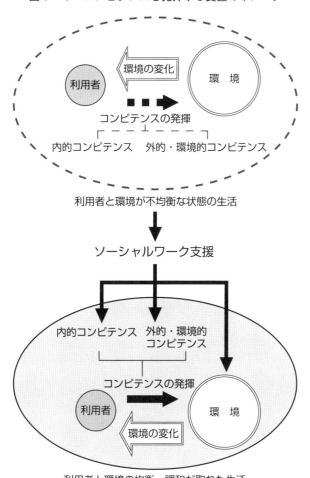

出典　太田義弘 編『ソーシャルワーク実践と支援科学』相川書房　2009年　p.25

ライエントのコンピテンスを発揮する支援をイメージしたものである。環境の
変化に対応するためのコンピテンスが十分に発揮できないために、クライエン
トと環境のバランスが不均衡なクライエントの生活状況に対して、そのバラン
スがとれるよう内的コンピテンスと外的・環境的コンピテンスに働きかける支
援を行う。また、社会資源の開発や制度・政策の改善・策定など、環境へ働き
かけることによって、クライエントがコンピテンスを十分発揮できる条件整備
をする。

　コンピテンスの発揮を支援するためには、クライエントと環境との間に起き
ている問題状況の把握が必要であり、何がクライエントのコンピテンスの発揮
の妨げになっているのかを理解しなければならない。クライエントを取り巻く

環境は非常に多様な要素から構成されており、クライエントと多様な要素との複雑な交互作用によって、生活は成り立っている。そのために、ある一つの要素とクライエントとの交互作用のバランスが何かのきっかけで崩れてしまうことで、他の要素とクライエントとの交互作用のバランスも崩れてしまうという連鎖が引き起こされる。クライエントと環境との間に起きている複雑な状況を理解するためには、クライエントの主訴や表面的な困難を理解するだけではなく、他の生活要素も広く視野に入れた、生活全体への視点をもった問題理解が必要となる。クライエントは本来、幅広い内的コンピテンスと外的・環境的コンピテンスを保有している。生活問題が生じている状態においても、自らの生活をつくりあげるためのコンピテンスを十分にもっている。問題解決に向けたコンピテンスの発揮を支援するためには、ソーシャルワーカーはクライエントのもつ問題解決の可能性を十分に理解していないといけない。

（3）固有な生活の全体的理解

　ソーシャルワークの問題解決には生活への全体的な視点が必要であるが、これはクライエントの生活の固有性を無視して成り立つものではない。ソーシャルワークにおける問題解決は、クライエントのためのものであり、平均化や一般化した問題状況やとらえ方では意味がない。クライエントの固有性を尊重し、クライエントの生活においてもその固有性をふまえたとらえ方が必要となる。ソーシャルワークにおいてクライエントの生活は、クライエントとそれを取り巻く環境との交互作用としてとらえられるが、クライエントと環境の交互作用にはクライエント独自の秩序があり、その固有な秩序によって生活の均衡・調和が成り立っている一つの世界として考える。

　クライエントの生活には、クライエント独自の広がりと流れがある。人間の生活はさまざまな要素が複雑に結びついて成り立っている。生きていくなかで培ってきた考え方や習慣、心身の健康、家庭や近隣、職場や学校、そこでつくられる家族や隣人、同僚、友人といった人間関係などである。そして、それらの要素は互いに影響し合い、複雑な関係を構成している。生計を維持するための職場の環境は経済状況と関係し、経済状況によって住まいの環境が異なってくる。そしてその住まいの環境は近隣の人間関係に関係している。このように、生活の諸要素は互いに直接的・間接的な連鎖関係をもっている。つまり、生活の要素がそれぞれの関係において影響を与え合い、関係を変化させ、その変化が別の要素に影響を与えることで生活の状況が刻々と変化していく。例えば家族の転勤が決まり、職場に通うために住まいを移す。住まいを移すことで近隣

との関係も新しいものとなり、新しい人間関係が築かれる。新しい人間関係のなかで考え方や習慣が変化していく。このように、多くの要素が互いに関係し影響し合って複雑に変化していくのである。

　この生活状況の変化が時間的経過のなかで積み上げられていくことで、生きざまとしての生活の大きな流れが生まれる。生活状況の変化は、クライエントが独自のコンピテンスによって環境の変化に対応し、均衡・調和を獲得する過程である。生活状況の変化が積み重なった流れのなかに、その人間の生きていく目標や生き方といった生きざまが表れる。このようにクライエントの生活は多種多様の要素が結びついて広がっているクライエント独自の生活状況と、その広がりが時間的経過のなかで変化し、その変容が積み重なってできる生きざまとしての流れでとらえることができる。

　クライエント自身の問題解決を支援するためには、本人の支援過程への主体的参加と、ソーシャルワーカーとの協働が必要となる。クライエントの生活の全体を、クライエント自身とソーシャルワーカーが理解し、その理解を共有することで、支援の参加と協働を実現する。しかし、クライエントの生活は、クライエント固有の広がりと流れをもっている。生活という言葉は日常的な言葉だが、その内容を的確に表現することは難しい。生活は本人にとってはごく当たり前の空間・時間であるが、その全体像を他人がとらえることはもちろん、本人でさえも理解することは容易ではない。このクライエント固有の生活を全体としてとらえ、ソーシャルワーカーとクライエントが共有し、クライエント自身のコンピテンスの発見・維持・促進を支援するためには、クライエントの生活を理解するための方法論が必要である。すなわちクライエント固有の生活の広がりを理解するためのシステム思考と、クライエント固有の生活の流れを理解するための生態学的視座が必要となるのである。

２．生活へのシステム思考と生態学的視座

（１）生活のシステム的理解

　クライエントの生活を理解するためには、固有の広がりをもつ生活状況の全体像を把握しなければならない。それは、クライエントの生活状況を一つのシステムとしてとらえ、その複雑で固有な広がりを体系的に理解することで可能になる。システムとは、複数の要素が相互に関連して、一つの全体をなしている状態のことをいう。ある物事をシステムとしてとらえる考え方は自然科学、

社会科学、人文科学など分野を問わず多く用いられているが、これらの多くのシステム思考に共通する一般的な枠組みを示したのが一般システム論である。

　一般システム論がソーシャルワークに導入された背景には、ソーシャルワークの3分法であるケースワーク、グループワーク、コミュニティワークを統合し、共通する理論を構築しようとする動きからである。ソーシャルワークが対象とする人や集団、地域をシステムとしてとらえることで共通する特徴を見出し、方法を統合しようとしたのである。一般システム論がソーシャルワークに影響を与えた概念に次のものがあげられる[4]。

①開放システム（open system）

　システムは「相互に作用しあう要素の集合」と定義される[5]。システムには閉鎖システムと開放システムがあり、限られた要素間のみで相互作用がある場合、これを閉鎖システムと呼ぶ。一方、対象となるシステムが他のシステムと相互作用があり、それによって対象となるシステム内にも変化がある場合、これを開放システムという。一般システム論では開放システムを対象としている。ソーシャルワークにおいては、対象となる個人、集団、地域などを、それぞれのシステムが関連した開放システムとしてとらえることで、共通した方法論を見出そうとした。

②ホロン（holon）

　ホロンは、一つのシステムはさらに小さいいくつかのシステム（サブシステム）で構成されているのと同時に、さらに大きいシステム（スープラシステム）を構成する一部であるという考え方である。ソーシャルワークは対象、活動目標、方法などといった多くの要素で構成されていると考えられるのと同時に、制度や政策などと一緒に社会福祉を支えるシステムの一部として考えることができる。ソーシャルワークにおいてホロンの概念を用いることにより、ソーシャルワークのさまざまなレベルでの実践活動を体系化し、それらに共通する理論を見出すことにつながった。

③力動的定常状態（dynamic steady state）

　開放システムでは、他のシステムからの資源・情報・エネルギーの流入と、他のシステムへの資源・情報・エネルギーの流出を繰り返しながら、システム内を安定した定常状態に保つ。その際に現状維持だけではなく、成長・発展させながら、その都度安定した定常状態を保つことを力動的定常状態という。ソーシャルワークの問題解決は、治療や処遇ではなく、クライエント自身のコンピテンスの発揮を前提とした、クライエントの発展、成長による生活の安定をめざしていることは、力動的定常状態の概念を示している。

④フィードバック（feed back）と自己調整（self-regulation）

　システムは他のシステムから流入した資源・情報・エネルギーを、システム内で処理してシステム固有の資源・情報・エネルギーとして他のシステムに流出する。このように他のシステムからの情報等を内部で処理して外部へ流出させる過程をフィードバックという。この過程において、システム内の定常化を図るために、内部のシステムがそれぞれの役割や機能によりシステムの調整を行うことを自己調整という。ソーシャルワークにおいてクライエントの生活は、クライエントと環境の交互作用と考える。クライエントは環境からの働きかけによる変化を自己調整し、環境へとフィードバックするのである。

　ソーシャルワークにおいてクライエントの生活状況の広がりをシステムとしてとらえる場合、生活の広がりがどのような要素で成り立っているのかをいくつかの領域に分解してその構造を理解するのが一つの方法である。そして、その領域において生活の諸要素がどのように関係しているのか、生活の諸要素がどの程度の状況にあるのかをとらえ、生活の内容や質を把握することで生活の機能を理解する。例えば、ソーシャルワークにおけるクライエントの生活の諸要素は図1－2のように体系的に理解することができる。ソーシャルワークにおいて生活は人と環境の交互作用として理解される。その人と環境をソーシャルワークの支援に必要な情報の諸要素に分解し整理したものである。

　ものごとをシステムとしてとらえるということは、対象となるものを要素や構造、関係や機能から分析し、対象の全体状況を論理的に把握するという考え方である。クライエントの生活状況をシステムとして論理的にとらえることで、

図1－2　生活状況の構造化

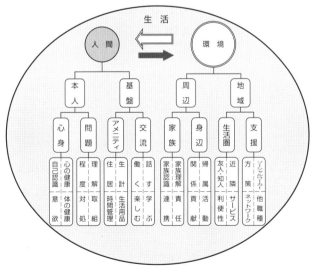

出典　太田義弘 編『ソーシャルワーク実践と支援科学』相川書房　2009年　p.30

その複雑で固有な生活状況の全体像に迫ることができる。またシステムとして
とらえることにより、複雑で固有な生活状況を系統立て説明・理解することが
できる。

（2）生活への生態学的視座

　生態学とは、生物と環境の適合性に焦点を当てながら、生物と環境のダイナ
ミックな均衡・調和と相互依存関係がどのように維持・促進できるかを研究す
る学問である。その基本は、人間と環境の相互関係や交互作用の複合性につい
て解明しながら、その調和と均衡を追求することにある。生態学は生活モデル
の理論的基礎としてソーシャルワークに用いられ、クライエントの問題をクラ
イエント自身のものとし、人間のみに焦点を当てた医学モデルから、クライエ
ントの問題は人と環境の交互作用の結果として引き起こされたものとしてとら
える生活モデルへのパラダイムの転換に影響している。
　生態学においてソーシャルワークに影響を与えた概念に次のものがある[6]。
①交互作用（transaction）と互恵関係（reciprocal relation）
　生態学では人間（生物）と環境が互恵的な交互作用を繰り返しながら、相互
の調和・均衡を保つことを重視する。人（生物）と環境が互いに影響しあう交
互作用に注目し、その関係は、それぞれの維持・発達・成長に必要なものを獲
得する互恵的な関係をめざす。
②ストレス（stress）と対処（copying）
　生態学において人間と環境の交互作用は互恵的な調和のある均衡の取れた関
係をめざすが、環境からの働きかけが必ずしも適応可能なものではなく、人間
と環境の間に緊張関係を生むことがある。これがストレスである。しかしスト
レスは成長・発展のチャンスでもあり、ストレスを成長・発展のための課題と
して前向きにとらえ、向き合うことを対処という。
③アセスメント（assessment）
　人間と環境との間には非常に多様な相互関係があり、それぞれに複雑な交互
作用を行っている。調和のとれた均衡のある関係をめざすためには、これらの
相互関係がどのような交互作用によって均衡を保っているのか、あるいは、ど
このバランスがどのように崩れ、問題が起きているのかを把握しなければなら
ない。そのための人と環境の状態や交互作用の状況を調査することをアセスメ
ントという。
④ハビタット（habitat）とニッチ（niche）
　ハビタット（生息環境）とニッチ（生態学的地位）は、生態学において環境

をとらえるための概念である。ハビタットは、生態学では縄張りや巣といったような有機体が生息する場所を指す。人間ではその人の空間行動を意味し、それは年齢、ジェンダー、性的志向、文化、社会経済的地位、経験などによって影響される。ニッチはある生物が適応した特有の生息場所、資源の利用のパターンを指す。人間では個人や集団が社会構造のなかで占めている位置をいう。これは皮膚の色、ジェンダー、社会経済的地位、身体的・精神的条件などの特徴によって位置づけられることが多い。

　ソーシャルワーク支援における生態学的視座は、人間の生活全体という大きな流れが、人と環境との相互変容関係より生成・循環されるところから、人の適応能力を高め、環境を整備することにより、再び両者の適合関係を改善するよう働きかける発想であり、それによって生活が変容していく過程といえる[7]。システム思考が生活を要素や構造、関係、機能から分析し説明概念であるのに対して、生態学的視座は、事実そのものを拡大した視野からとらえようとするものであり、生活という連続した営みのなかで、人間の変容や成長を状況として把握する実体概念である[8]。

　クライエントの生活を生態学的にとらえるということは、時間的経過のなかでクライエントとクライエントを取り巻く環境から生活をとらえ、その相互関係から生活全体のバランスが調和され維持されていく過程を把握することである。つまり生活システムにおける要素としての領域が互いに影響し合い変容していく過程を、人と環境の交互作用としてとらえ、どのように生活全体の調和が維持・促進されていくのかを時間的経過のなかで把握していくことから、クライエントの生き様としての生活の流れを理解しようとすることである。

3．生活支援へのエコシステム視座

（1）エコシステム視座

　クライエント固有の広がりをもつ生活状況をシステムとしてとらえると同時に、生きざまとしての生活の流れを、生態学的視座から生活状況の変容過程としてとらえる視座がエコシステム視座である。エコシステム視座は、システム思考と生態学的視座のそれぞれの長所を生かし、欠点を補完する。

　システム思考と生態学的視座の基礎的特性は、表1－1のように整理される。システム思考は物理学や組織工学から発展した経緯をもつ。その背景から人為的で、対象への価値的評価は行わない没価値的評価で物事をとらえ、論理的に

系統だった関係によって組織をとらえる思考方法である。そしてシステムという超自然事象を、それらを構成する要素の関係からとらえるため、観念的な不可視性をもつが、合理的なハード（仕組み）から対象を理解することができる。一方、生態学的視座は生物学や生物環境学などを背景としてもつ。対象の生活の状況を自然事象として感覚的にあるがままにとらえるため、具体性があり可視性がある。それは、価値評価も含めた実証的な対象の状況や性質といったソフト（内容）の理解を可能にする。

表1－1　システム思考と生態学的視座の基礎的特性の比較

	システム思考		生態学的視座
1	組織工学	1	生物学
2	論理性	2	実証性
3	人為性	3	自然性
4	超自然事象	4	自然事象
5	組織体	5	生活体
6	没個性志向	6	価値思考志向
7	関係概念	7	状況概念
8	ハード	8	ソフト
9	不可視性	9	可視性
10	思考性	10	感覚性

出典　太田義弘『ソーシャルワーク実践とエコシステム』
誠信書房 1992年 p.100

　次にシステム思考と生態学的視座の方法的特性について比較する。これは両者が方法として活用されたときに現れる特性である（表1－2）。システム思考は、対象を構成や構造・機能から分析し、それを統合したシステムとしてとらえるというミクロを基点としてマクロへフィードバックすることにより、実態を分析する。これは分析による対象の多様な特性を抽象化して整理する静態的な説明概念である。

　生態学的視座は対象を統一性や全体性という視点から、その素性や変容過程といった内容を単一のものとしてとらえ具象的・動態的に把握しようとする特性をもつ。これは対象の実体を、マクロを基点にミクロへと循環する視野からとらえようとするものである。

　このようにシステム思考と生態学的視座はそれぞれの特徴をもつが、それは対立や矛盾するものではなく、相補性をもっており、基本的なところで共通する

特性によって結ばれている（表1−3）。つまり、これはシステム思考と生態学的視座を融合させたエコシステム視座の特徴でもあるといえる。ソーシャルワークにおいては、クライエントの生活を人と環境の相互作用における要素の関係や状況によってとらえ、その全体性を把握することを課題としている。生活のダイナミクスに対しては変化や適応、均衡維持で対応し、そこにはクライエントの生活の回復・維持・発展といった目的志向性や安全性といった特徴をもつ。

表1−2　システム思考と生態学的視座の方法的特性

システム思考	生態学的視座
1　統合性	1　統一性
2　分析性	2　全体性
3　説明概念	3　実体概念
4　構成	4　素性
5　構造機能	5　変容過程
6　形式	6　内容
7　多様性	7　単一性
8　静態	8　動態
9　ミクロ	9　マクロ
10　抽象性	10　具象性

出典　太田義弘『ソーシャルワーク実践とエコシステム』誠信書房 1992年 p.100

表1−3　システム思考と生態学的視座の基礎的共通特性

システム思考・生態学的視座の共通特性
1　人と環境
2　相互依存性
3　関係状況
4　均衡維持
5　力動性
6　変容
7　適応
8　目的志向性
9　安全性
10　統合的全体性

出典　太田義弘『ソーシャルワーク実践とエコシステム』誠信書房 1992年 p.101

　このようにそれぞれの特徴をもったシステム思考と生態学的視座を融合させた思考方法・視点がエコシステム視座であり、これによってとらえたクライエントの生活をエコシステムという。この生活のエコシステムのイメージは図1−3のように示される。多くの要素のつながりからなる生活の広がりとその変容の積み重ねによってつくりあげられるクライエント固有の生活を、システム思考と生態学的視座からとらえる。円盤の一つひとつは、ある時点での生活状況をシステムとしてとらえたものあり、円盤の連続はある期間における生活状況の変容の流れを示している。クライエントの生活状況を領域と領域同士の関係、内容から成るシステムとして分析し、システムとしての生活状況を連続的な流れとして把握することで、生活の全体の変容を生態学的な視座から把握する。これにより、クライエント固有の複雑な生活の全体像を実体に即して理解

図1－3　エコシステム視座のイメージ

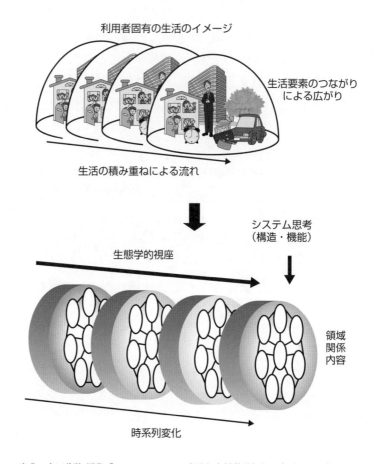

出典　太田義弘 編著『ソーシャルワーク実践と支援科学』相川書房　2009年　p.31

することができる。

（2）　エコシステム視座の実践化への取り組み

　エコシステム視座は、対象を把握するためのものの見方や考え方を示すものである。これをソーシャルワークの実践に具体化することが課題となる。その課題に挑戦するアイデアの一つにエコシステム構想がある。図1－4にイメージされるように、クライエントの生活システムをコンピュータの活用によってシミュレーションし、生活状況と生活の変容過程をクライエントとともに把握し共有しようという、生活の全体性と固有性をとらえるための理論と実践をつなぐアイデアである。

　クライエントの生活システムを細かな情報因子に分解して情報を収集し、その情報因子を、コンピュータを用いてシミュレーションし、支援に必要な情報

へと処理・加工する。このことにより、クライエント固有の生活の広がりをシステムとしてとらえることが可能となる。そして、その情報を蓄積し、生活の変容過程を把握しようとすることにより、生活への生態学的な視座の具体化が可能となる[9]。

図1－4　エコシステム構想

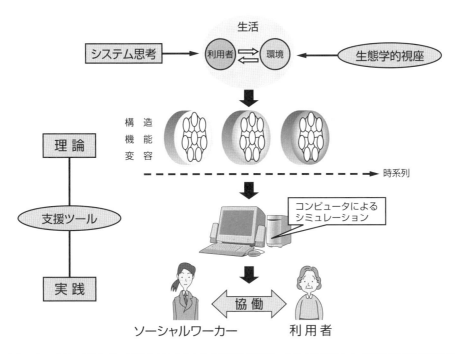

出典　太田義弘・中村佐織・長澤真由子「社会福祉援助技術学習の支援方法開発をめぐる研究」『関西福祉科学大学紀要』11号 2008年　p.247

4．ミクロ・メゾ・マクロレベルにおける ソーシャルワーク

（1）ミクロ・メゾ・マクロレベルの生活理解

　ソーシャルワークでは生活を人と環境の交互作用としてとらえ、その基盤となる考え方としてシステム思考と生態学的視座、それらを融合したエコシステム視座について述べてきた。1970年代以降のジェネラル・ソーシャルワークへのパラダイムの転換では、システム思考と生態学的視座を統合しながら、人と環境の複雑な関係や互いの影響を説明しようとしてきた。そのなかで、クライ

エントの生活をミクロ、メゾ、マクロなどのサイズやレベルに分類をして説明することで支援の対象を具体的に理解し、各レベルが互いに影響しあう連続したものとして支援の対象を包括的・統合的にとらえる具体的な方法を示唆した。日本においても福祉の問題が多様化・複雑化するなかで、多領域における包括的な支援としてミクロ、メゾ、マクロレベルでのソーシャルワークの必要性がいわれている。

　2015（平成27）年に公表された相談援助演習ガイドライン（日本社会福祉士養成校協会：現・日本ソーシャルワーク学校教育連盟）ではソーシャルワークの実践レベルを以下のように分類している[10]。

①ミクロレベル（個人、家族）

　個人や家族が直面する困難状況を対象とするレベルである。具体的には、個人・家族、小グループを含むクライエントが抱えている生活問題を対象としたものである。より一層の人権保障が求められる状況や人権侵害状況、より一層の自己実現やQOL向上が求められる状況、自己実現の機会を奪われている状況、社会的不利ゆえに機会を活かせていない状況等がある。

②メゾレベル（グループ、組織、地域住民）

　グループ組織、地域住民を対象とするレベルである。自治体・地域社会・組織システム等を含み、具体的には各種の自助グループや治療グループ、仲間や学校・職場・近隣等が含まれる。ミクロレベルの課題が、ディスエンパワメントの状況や、社会的差別や抑圧が地域社会からの排除の状況等によって生じている場合、ソーシャルワーカーはグループや地域住民がそれらの問題を「自らの問題」として捉えるような環境をつくるために働きかける。

③マクロレベル（地域社会、政策）

　マクロ実践は、社会全般の変革や向上を指向しているものである。これらは具体的にはコミュニティと国家、国際システムであり、政策や制度を含む。差別、抑圧、貧困、排除等の社会不正義をなくすように、国内外に向けて社会制度や一般の人々の社会意識に働きかけることである。ミクロレベルやメゾレベルの課題が、偏見や差別、雇用問題、法律や制度等といった社会構造の歪みから生じている場合、ソーシャルワーカーは長期的な人間の福利（ウェルビーイング）を考え、社会問題を介入の対象とする。

　また、中村は人と環境の交互作用のレベルをミクロ・メゾ・エクソ・マクロシステムに分類しその概念や支援の特徴について表1−4のように整理している[11]。

表1－4　ミクロ・メゾ・エクソ・マクロシステムの特徴

システムのレベル	概念	対象の例示	システムの特徴	ソーシャルワーカーの支援
①ミクロ・システム	人間の直接的対面的接触を通じて発達を促進したり妨げたりする最小の相互作用関係	家族、友人、クラスメート、近隣の人など	例えば、子どもの成長によってミクロ・システムが大きく複雑になる点では、家族関係や発達状況との関連が重要な構成要素となる	①相談支援（カウンセリングを含む） ②直接的サービスの提供 ③直接的介助やケア ④教育・指導的支援 ⑤情報提供支援 ⑥グループワーク ⑦ケアマネジメント（新しい人や直接接触する資源の導入・調整・改善） ⑧ソーシャル・ネットワークの強化 ⑨弁護的支援（権利擁護や代弁機能を含む）
②メゾ・システム	当事者を含む2つあるいはそれ以上のミクロ・システム間の相互作用関係	子どもの学校と仲間と家族関係、施設入所の高齢者とソーシャルワーカーと家族関係など	（中間システム）ミクロ・システム間の結びつきが強く多様かつ複雑になることは、メゾ・システムの発達に強い影響を与える	
③エクソ・システム	当事者を直接的に含まないが、その個人に重要な決定や強い影響力を与える2つ以上の相互作用関係	親の職場、兄弟姉妹の学校のクラス、家族の友人や仲間	例えば、親の職場で起こった出来事は、支援対象の子どもの状況を変化させるように、外部の諸力もメゾ・システム同様の影響力を有する	
④マクロ・システム	直接的システムレベルで起こる社会構造や活動に影響を与える「青写真」を社会に提供するもの	イデオロギー、習慣、ライフスタイル、法律・政策、多様な資源など	例えば、社会の暴力に対する意識やプライバシーに関する考え方は、個別の子どもや家族への虐待問題や支援方法に影響を及ぼす	①組織の変革 ②資源改善についてのコンサルタント ③資源のネットワーキング ④資源の動員や開発 ⑤新たな法・政策の計画立案 ⑥権利擁護への運動

出典　黒木保博ほか編著『福祉キーワードシリーズ　ソーシャルワーク』中央法規出版　2002年　p.29

（2）ミクロ・メゾ・マクロレベルでの生活支援

　先述した相談援助演習ガイドラインでは、ミクロ・メゾ・マクロシステムの各レベルで活用される技術として以下のものがあげられている[12]。

　ミクロレベルでは、個人や社会に対して社会福祉の増進を図る技術として個別援助技術、ケアマネジメント、カウンセリングなどの技術を活用する。メゾレベルでは、事業所や職能団体などに対して社会福祉の増進を図るために用いる技術として、集団援助技術、スーパービジョン、コンサルテーション、運営

管理法、ネットワーキングなどを活用する。マクロレベルでは、地域福祉の増進を図るために活用する技法として、コミュニティワーク、社会活動法、社会計画法などがあげられている。

　中村は表1−4のようにミクロシステム、メゾシステム、エクソシステムにおけるソーシャルワーカーの支援として、①相談支援（カウンセリングを含む）、②直接的サービスの提供、③直接的介助やケア、④教育・指導的支援、⑤情報提供支援、⑥グループワーク、⑦ケアマネジメント（新しい人や直接接触する資源の導入、調整、改善）、⑧ソーシャル・ネットワークの強化、⑨弁護的支援（権利擁護や代弁機能を含む）をあげている。また、マクロシステムにおける支援としては、①組織の変革、②資源改善についてのコンサルタント、③資源のネットワーキング、④資源の動員や開発、⑤新たな法・政策の計画立案、⑥権利擁護への運動をあげている[13]。

　ミクロ、メゾ、マクロの各レベルで展開される支援は対象や実施主体が異なる場合もある。支援の対象をミクロ、メゾ、マクロに分類して理解する発想は、対象を連続するシステムとして理解して包括的・統合的に支援することを目的としている。したがって、各レベルでの支援の展開に加えて、チームによる支援など各レベルでの支援が連続性をもった包括的・統合的な支援となるような方法・技術の展開が課題となる。

【学びの確認】

①ソーシャルワークにおいて、クライエントの生活を人と環境の交互作用としてとらえる意味を考えてみましょう。

②システム思考、生態学的視座、エコシステム視座の内容と特徴をまとめてみましょう。

③ミクロ・メゾ・マクロレベルの対象と支援方法の特徴をまとめてみましょう。

【引用文献】
1）太田義弘・佐藤豊道編『ソーシャル・ワーク 過程とその展開』海声社　1984年　p.52
2）太田義弘『ソーシャルワーク実践とエコシステム』誠信書房　1992年　p.51
3）太田義弘・秋山薊二編『ジェネラル・ソーシャルワーク−社会福祉援助技術総論』光生館　1999年　pp.130-133
4）前掲書3）　pp.44-46
5）フォン・ベルタランフィ著、長野敬・太田邦昌訳『一般システム理論』みすず書房　1973年　p.35
6）前掲書3）　pp.47-48
7）前掲書2）　p.97

8 ）前掲書2 ）　pp.97-98

9 ）エコシステム構想の詳細は以下の文献を参照してほしい。

太田義弘・中村佐織・石倉宏和編著『ソーシャルワークと生活支援方法のトレーニング』
中央法規出版　2005年

太田義弘「ソーシャルワークの実践研究とエコシステム構想の課題」『龍谷大学社会学
部紀要』龍谷大学社会学部学会 第20号　2002年　pp.7-13

10 ）日本社会福祉士養成校協会編『相談援助演習 教員テキスト』中央法規出版　2015年
pp.33-34

11 ）黒木保博・山辺朗子・倉石哲也編『福祉キーワードシリーズ　ソーシャルワーク』p.29

12 ）前掲書9 ）　pp.35-36

13 ）前掲書10）　p.29

第2章 ソーシャルワークの実践モデルとアプローチの種類と方法

【学びの目標】

　ソーシャルワーク実践は、決して勘や経験、善意だけに頼る恣意的な実践ではない。ソーシャルワーク実践は、依拠する理論や思想、重視する視点などによって、実践の目標、展開過程、技法など多様である。こうしたソーシャルワークの多様な実践方法が、実践モデルやアプローチとして体系化されている。本章では、ソーシャルワークの実践モデルとアプローチの2つの柱について学び、理解することをねらいとする。

① 　ソーシャルワークの実践モデルを学ぶ。特にそれぞれの実践モデルが有する視点、および実践モデルとアプローチとの関係について理解を深める。
② 　ソーシャルワークにおける実践モデルの種類と方法を学ぶ。
③ 　各種のアプローチの種類と方法を学ぶ。

1．ソーシャルワークの実践モデル

（1）ソーシャルワーク実践の科学化

　ソーシャルワークの源流は、COS（Charity Organization Society：慈善組織協会）の活動やセツルメント活動に象徴されるように、生活支援を必要とする人びとの存在や変革を必要とする社会の現実に対して、宗教的な動機やヒューマニズムの思想に基づく恣意的な実践にあった。だが、効果的で責任をともなう生活支援や社会変革のためには、実践の科学化とその担い手たるソーシャルワーカーの専門職（業）化を必然とした。そこでソーシャルワークは科学的な実践を求め続け、その担い手はソーシャルワーカーとして職業的専門家たる者を求め続けてきた。このように、ソーシャルワークの科学化の背景には、なによりもソーシャルワークによる生活支援を必要とする人々や変革を必要とする社会の現状があったことを忘れるべきではない。

（2）ソーシャルワークの実践理論

ビンター（Vinter, R. D.）（1967）によれば、ソーシャルワークの実践理論は、ソーシャルワークのための理論（Theory for Social Work）、ソーシャルワークの理論（Theory of Social Work）、ソーシャルワークの実践理論（Practice Theory）という3つのカテゴリーがあるとしている。

ソーシャルワーク実践に影響を与えた科学には、医学、精神分析学、心理学、社会学、教育学、哲学などがある。これらのなかでも、ソーシャルワーク実践の理論的基盤となった理論や思想がある。これを「ソーシャルワークのための理論」と呼ぶ。具体的にはパーソナリティ論、一般システム論、社会化理論、行動理論、認知理論、生態学理論、コミュニケーション理論、実存思想などである。また、ソーシャルワークの原理や本質を示すソーシャルワーク固有の理論を「ソーシャルワークの理論」（第1章参照）と呼ぶ。

さらに、ソーシャルワーク実践の基盤となる視点や方法を示す、いわば実践を支える理論[1]を、「ソーシャルワークの実践理論」と呼ぶ。ソーシャルワークの実践理論には、ソーシャルワークの実践モデルとソーシャルワークのアプローチが含まれる（図2-1）。

ソーシャルワークの実践理論・実践モデル・実践アプローチという用語の関連については諸説がある[2]。モデルには実践モデルと理論モデルという使い分けが必要なのでアプローチという用語を用いるほうが適切であるとする考え方[*1]、実践モデルを実践のガイドを果たす概念枠組みとし、アプローチは実践を展開する組織化された手だてとする考え方[*2]、実践理論・実践モデル・アプローチという三者を区別しない考え方[3]などのほか、実践理論、実践モデル、アプローチの三者が混在して用いられることもある。

ここでは、ソーシャルワークの実践理論とは、ソーシャルワークのための理

*1　ローゼンブラットは、「アプローチとは、時に実践モデルと呼ばれることも多いが、行動上の指令の一定の識別できる統一体であり、理論モデルか実践モデルかの混同があるモデルという用語よりも好ましい」（米本秀仁「在宅ケアのスキルの基本構造」中島紀恵子・米本秀仁編『在宅のケアスキル』中央法規出版 1993年　p.10）としている。

*2　実践モデルとアプローチとの違いは、太田義弘『ソーシャル・ワーク実践とエコシステム』誠信書房 1992年を参考にした。

図2-1　ソーシャルワークの実践理論の位置づけ

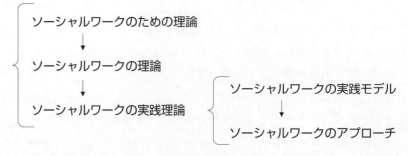

出典　太田義弘 編著『ソーシャルワーク実践と支援科学』相川書房　2009年　p.31

論を援用しながら、ソーシャルワークの理論を基盤として体系化された視点と方法をともなう実践的な理論であり、ソーシャルワークの実践モデルやアプローチを総称した用語とする。また、ソーシャルワークの実践モデルとは基本的な視点の違いによって分類したソーシャルワーク実践の類型とし、ソーシャルワークのアプローチとは実践モデルを具体化した実践的な方法とする。

　なお、ソーシャルワークの実践モデルとアプローチの関係については、個人を対象とするソーシャルワークでは比較的明確であるのに対して、グループやコミュニティを対象とするソーシャルワーク（それぞれソーシャルグループワーク、コミュニティワークないしはコミュニティソーシャルワークと呼ばれる）では、必ずしも明確な合意があるわけではない。

　本章では、個人を対象とするソーシャルワークにおける実践モデルおよびアプローチに限って解説する。

（3）実践モデルの種類

　ソーシャルワークの実践モデルには、治療モデル、生活（ライフ）モデル、ストレングスモデル、社会モデルの4種があり、本章では前三者をとりあげる。社会モデルは、フェミニズムや反差別・反抑圧主義といった社会変革の視点に基づく実践モデルである。これは、批判的視点ないしは社会変革視点にもとづく実践モデルであるが、本章では省略する。

1）治療モデル

　治療モデルは、医学モデル、病理モデル、欠陥モデル、医学的病理モデル、臨床モデルとも呼ばれる。

　医学において、疾患の特定の原因を探り、診断・治療するのと同じように、治療モデルは、病理的視点に基づき、個人の心理社会的問題に対して特定の原因を探り、対処しようという実践モデルである。治療モデルは、1917年に『社会診断』を著したリッチモンド（Richmond,M.）にはじまる。治療モデルの特徴は、次のとおりである。

①フロイトの精神分析理論の影響を受け、人の内面、具体的にはパーソナリティにおける病理性や問題点に関心がおかれがちで、人を取り巻く環境面への関心が希薄である。

②医学の概念を援用している。具体的には、社会調査→社会診断→社会治療（後に処遇とも呼ばれる）という過程が考えられている。

　個人を対象とするソーシャルワークで、治療モデルに基づくアプローチであ

るとの合意があるのは診断派（診断学派、診断主義）と機能派（機能学派、機能主義）、さらにそれぞれの後継となる心理社会的アプローチおよび機能的アプローチである。

なお、問題解決アプローチ、課題中心アプローチ、行動変容アプローチ*3、危機介入アプローチの4種もその流れをくむものである。

*3　行動変容アプローチ
行動修正アプローチや行動治療アプローチといった訳もあてられる。以下、参考とした文献による表記のまま記述する。

2）生活モデル

生活モデルは、ライフモデルの訳語として用いられている。ライフは単なる生活という意味ではなく、人の生命・人生・生活という多面的な意味を有する用語である。したがって本来はライフモデルのまま用いるのが適切であろう。

生活モデルは、1960年代の治療モデルに対置して提唱された。1980年に『ソーシャルワーク実践の生活モデル』を著したジャーメイン（Germain,C.）とギッターマン（Gitterman,A.）によって体系化された生活モデルは、エコ・システム視点*4に基づき、クライエントを能動的で成長の可能性をもつ存在とし、人間の適応能力の強化と人間に対する環境の応答性の増大により、人間と環境との交互作用の改善を図ろうとする実践モデルである。

*4　エコ・システム視点
Eco-systems perspectiveの訳である。第1章p.25で定義されているエコ・システム視座と同義である。

個人を対象とするソーシャルワークでは、生活モデルに基づくアプローチには、エコロジカルアプローチとジェネラリストアプローチがあげられる。

3）ストレングスモデル

ストレングスモデルとは、ストレングス（強さ）に着目する、すなわちストレングス視点に基づく実践モデルである。あるいは病理性に着目する治療モデルとの対比でいえば、健全性に着目する実践モデルといってもよい。

ストレングスモデルは、1992年に『ソーシャルワーク実践におけるストレングス視点』を著したサリービイ（Salleebey,D.）らによる研究に基づくものである。

個人を対象とするソーシャルワークでは、エンパワメントアプローチとナラティヴアプローチ、解決志向アプローチがあげられる[4]。

4）3つの実践モデルの関係

図2-2は、3つの実践モデルの関係を示したものである。なお、どのアプローチがどの実践モデルに基づいて発展してきたかについては、明確なものもあれば、検討の余地があることにも留意されたい。

以下、本章では個人を対象とするソーシャルワークの10種のアプローチについて、それぞれの定義（沿革も含む）および内容（対象・過程・技法）という

図2-2　3つの実践モデルの関係

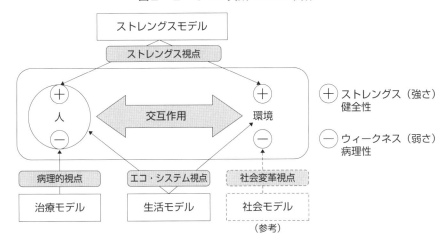

2つの柱に沿って解説する。

2．ソーシャルワークにおけるアプローチの種類と方法

（1）ケースワークにおけるアプローチの概要

　個人を対象とするソーシャルワーク（social work with individual）は、従来、ソーシャルケースワーク（social case work）と呼ばれていたが、次第に辞書やテキストからソーシャルケースワークの用語が消失してきた。それに代わって、一方ではミクロレベルにおけるソーシャルワーク（ミクロソーシャルワーク）やクリニカルソーシャルワーク（臨床ソーシャルワーク）といった用語が、また他方ではわが国固有の呼称であるが、相談援助や個別援助技術といった用語が用いられてきた。これらのうち、ミクロソーシャルワークやクリニカルソーシャルワークには、個人のみならずグループを対象とするソーシャルワーク（ソーシャルグループワーク）も含まれる。

　相談援助は社会福祉士及び介護福祉士法により、福祉に関する相談に応じ、助言、指導、福祉サービス関係者等との連絡及び調整その他の援助を行うこととされ、個人以外の対象も含まれる用語となっている。そのため、個人を対象とするソーシャルワークないしはソーシャルケースワークに対応するのは唯一、個別援助技術という用語であるが、社会福祉士養成課程において当初用いられていたにすぎず、2009（平成21）年度の社会福祉士養成課程の教育内容の

見直し以後は、個人を対象とするソーシャルワークないしはソーシャルケースワークに相当する固有の用語は消失した。そこで、ソーシャルケースワークの用語が個人を対象とするソーシャルワークを表現する最適な用語であるとの指摘[5]をふまえ、個人を対象とするソーシャルワークをソーシャルケースワークとし、以下便宜的にケースワークと呼ぶこととする。

　ケースワークのアプローチについては、ロバーツ（Roberts,R.）らが1960年代まで発展してきたものとして、心理社会的アプローチ（ホリス：Hollis,F.）、問題解決アプローチ（パールマン：Perlman,H.）、機能派アプローチ（スモーリー：Smalley,R.）、行動修正アプローチ（トーマス：Thomas,E.）、家族療法（シュ

図2－3　ケースワーク・アプローチの系譜

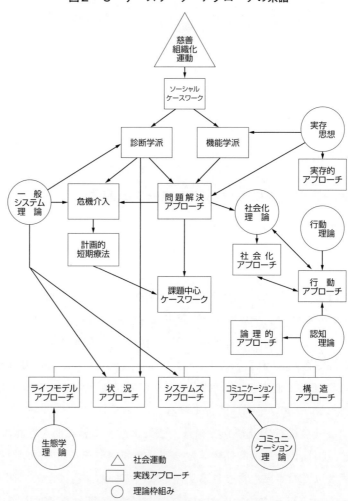

原典　Germain, C. B., ʻTechnological Advancesʼ, In Rosenblatt, A. & Waldfogel, D., eds., *Handbook of Clinical Social Work*, Jossey-Bass, 1983, p.28
出典　岡本民夫編『社会福祉援助技術総論』川島書店　1990年　p.181

ルツ：Scherz,F.）、危機介入（ラポポート：Rapoport,L.）、成人の社会化（マックブルーム：McBroom,E.）の７つを整理している[6]。

　また、ジャーメイン（Germain, C.）は、1980年までのケースワークにおけるアプローチについて、その変遷や影響関係を図示している（図２-３）。

　さらに、ターナー（Turner, F.）は、1990年代に27種のアプローチを整理し、これをもとに「相互連結理論アプローチ」を提唱している。こうした多様なアプローチについて、ターナーが大学院教育のレベルではあるが、第１に、諸アプローチ間の連続性の理解、第２に、少なくともそれぞれの強みと限界について知っておくこと、第３に、実践の準備教育として３〜４のアプローチについて教授されるべきであること、具体的には、少なくとも生物心理社会的基盤のもの[*5]、認知基盤のもの[*6]、短期介入の輪郭をもつもの[*7]、危機・ストレス志向のもの[*8]について、理論的輪郭をもつべきである、と指摘している点は、学習者の参考になる[7]。

　なお、ターナーが提唱する「相互連結理論アプローチ」は、多様なアプローチを相互連結して実践しようとする試みであるが、後述するジェネラリスト・アプローチに通じるものである。

　わが国では、久保・副田が、「ソーシャルワーカーが多様な『現実』をとらえ、対応していくために有効と考えられる実践モデル」[*9]として、①心理社会的アプローチ、②機能的アプローチ、③問題解決アプローチ、④家族療法アプローチ、⑤行動療法アプローチ、⑥課題中心アプローチ、⑦エコロジカル・アプローチ、⑧ジェネラリスト・アプローチ、⑨ケアマネジメント、⑩ソーシャルサポート・ネットワーク支援、⑪エンパワーメント・アプローチ、⑫ナラティブ・アプローチという12種のアプローチを取りあげている。

　また、2021（令和３）年度より改定された社会福祉士養成課程においては、さまざまなアプローチとして、①心理社会的アプローチ、②機能的アプローチ、③問題解決アプローチ、④課題中心アプローチ、⑤危機介入アプローチ、⑥行動変容アプローチ、⑦エンパワメントアプローチ、⑧ナラティヴアプローチ、⑨解決志向アプローチという９種のアプローチが例示されている。

　これらをふまえて、前者の12種のアプローチのうち、第７章で取り上げる⑨ケアマネジメントと、本シリーズ第１巻で取り上げられている⑩ソーシャルサポート・ネットワーク支援については本章では割愛し、①心理社会的アプローチ、②機能的アプローチ、③問題解決アプローチ、④課題中心アプローチ、⑤危機介入アプローチ、⑥行動変容アプローチ、⑦エンパワメントアプローチ、⑧ナラティヴアプローチ、⑨解決志向アプローチ、⑩ジェネラリストアプローチという10種のアプローチを取りあげる。

＊５　後述の心理社会的アプローチを参照のこと。

＊６　認知理論は直接的にはヒューマニスティック・アプローチとして結実しているが、本章では取り上げていない。図2-3によれば、認知理論は論理的アプローチや行動アプローチに影響を与えた。よって後述の行動修正アプローチを参照のこと。

＊７　後述の課題解決アプローチを参照のこと。

＊８　後述の危機介入アプローチを参照のこと。

＊９　ここでは、アプローチの意味で用いられている。

久保・副田がとりあげている家族療法アプローチを省略したのは、その系譜がナラティヴアプローチや解決志向アプローチに通じているからである。また、社会福祉士養成課程の教育内容に例示のないジェネラリストアプローチをとりあげたのは、ケースワークにおいて複数のアプローチを組み合わせて活用することや、ミクロ・メゾ・マクロレベルにおけるソーシャルワークにおいては、ケースワークのみならずソーシャルグループワークやコミュニティワークなど、ソーシャルワークの他の方法を組み合わせて活用することが求められるからである。つまり、それぞれのアプローチの統合的な活用のためには、ジェネラリストの視点にもとづくジェネラリストアプローチの習得が不可欠だからである。

　なお、ジェネラリストの視点を図に描くのは煩雑になるため省略したが、図2－2を補足するならば、エコ・システム視点に基づきつつ病理的視点、社会変革視点、ストレングス視点を包含した視点である。それゆえジェネラリストアプローチは、生活モデルに基づき、治療モデル、ストレングスモデル、社会モデルを包含する、いわば「総合的かつ包括的支援モデル」に基づくアプローチであり、総合的かつ包括的な支援を支えるうえで最適なソーシャルワークのアプローチといえる。

（2）心理社会的アプローチ

　心理社会的アプローチとは、個人の心理面と社会環境面を視野に入れ、その相互関連のなかで問題の診断とクライエントの支援を行っていこうとするアプローチである。

　心理社会的アプローチは、1910年代のリッチモンド（Richmond, M.）にはじまり、①フロイト（Freud, S.）のパーソナリティ理論、自我心理学、②ピアジェ（Piaget, J.）の発達心理学、③ダラード（Dollard, J.）、オールポート（Allport, G.）らの人格心理学などをもとに、1930年代、ハミルトン（Hamilton, G.）、トール（Towle, C.）、ギャレット（Garret, A.）らによって診断主義アプローチとして形成され、1960年代にはホリス（Hollis, F.）により確立した。以下、心理・社会的アプローチを代表するホリスの論を紹介する。

　支援を求めるすべての人が対象となる。「状況のなかの人」という視点をもとに、①クライエントとの共同作業を行う、②修復・強化、③強さ・対処能力の動員、資源の活用、人と環境との最適な適合を見出す。

　過程は、社会調査→社会診断→社会治療（後に処遇と呼ばれる）とされている。社会調査では、問題理解と処遇に必要な情報を収集し分類する。社会診断では、臨床診断（パーソナリティ）、原因論的診断（問題の因果関係）、力動的

診断（相互作用）を行う。力動的診断は、ワーカビリティを評価するものである。ワーカビリティ（Workability）とはパールマン（Perlman, H.）の造語であり、M（Motivation：意欲）、C（Capacity：能力）、O（Opportunity：資源）からなる。

　処遇手続については、まず、個人に対する働きかけとして、①持続的支持手続（傾聴、受容、再保障、激励、愛情の贈り物）、②直接的指示手続（賛意、強調、示唆、助言、主張、介入）、③浄化法（カタルシス）、④人と状況の全体的反省（現在の状況とそれに対するクライエントの応答、状況と応答の相互作用の性質についての反省的話し合い）、⑤パターン力動的反省（応答の型や傾向の力学についての反省的話し合い）、⑥発達的な反省（応答の型や傾向の発生的・発達的要因についての反省的話し合い）、の6点がある。

　次に、環境に対する働きかけとしては、上記①〜④に、⑤経済的援助・直接的サービスを加えた5点がある。なお、環境とはクライエントとかかわる教師、雇い主、家族などの人的環境を意味している。

（3）機能的アプローチ

　機能的アプローチとは、クライエントの成長を促進する要件として、ソーシャルワーカーとクライエントとの関係と、その関係を展開させる構造を提供する機関の機能を重視し、クライエント自身が機関の機能を活用して成長できるよう支援するアプローチである。

　機能的アプローチは、ランク（Rank, O.）の意思心理学に基づき、1930年代にペンシルベニア大学のタフト（Taft, J.）とロビンソン（Robinson, V.）により提唱され、1940年代〜1950年代の診断派と機能派との論争を経て、1960年代にスモーリー（Smalley, R.）が発展させた。

　診断派と機能派の争点について、アプテカー（Aptecker, H.）によれば、フロイトが、①行動を決定する要因としての無意識、②感情と態度における両面価値、③現在の行動を決定する要因としての過去の経験、④治療の本質的条件としての感情転移、⑤すべての支援において処理されるべき要因として抵抗を重視したのに対して、ランクは、①パーソナリティのなかにある組織する力としての意志、②個人が自身を他と区別したいと思うその表れとしての対抗意志、③治療的関係の源としての現在の経験、④分離の重要性、⑤人間に内在する創造力を重視した。タフトとロビンソンは、機能的アプローチの特徴を、①自我の創造的統合力から人間をとらえたこと、②分離を重視したこと（いわばクライエントの独立、自律を意味する）、③現在の経験を重視したこと、④時間を

重視したことにあるとしている。機能的アプローチとして体系化されたのは、1967年にスモーリーが著した『ソーシャルワーク実践の理論』によってであった。

　支援対象は特定されない。スモーリーは、機能的アプローチの方法として、①診断はクライエントとの共同でなされ、かつ機関のサービスと関連していること、②開始期、中間期、終結期といった支援過程は、クライエントに活用されること、③機関の機能がソーシャルワークに反映されること、④時間や場所の取り決めなど、支援の構造が意図的に活用されること、⑤クライエントとソーシャルワーカーとの関係において、クライエントが自己決定できるようにすることの5点を提唱している。

（4）問題解決アプローチ

　問題解決アプローチとは、ソーシャルワークを「治療の過程」ではなく、「問題解決の過程」であるととらえ、生活問題に対してクライエント自らが働きかけていけるよう、動機づけや能力を高め、問題解決・緩和の機会を主体的に活用できるようになることをめざすアプローチである。

　パールマン（Perlman, H.）は、診断派の立場から診断派と機能派との折衷として問題解決アプローチを提唱した。パールマン自身が自らの理論形成に影響を与えたものとして、①フロイトおよびランクのパーソナリティ論、②エリクソン（Erikson, E.）とホワイト（White, R.）の自我心理学、③デューイ（Dewey, J.）の教育哲学（内省的思考）、④ミード（Meed, G. H.）の役割理論、⑤トール（Towle, C.）やリップル（Ripple, L.）らの諸概念（動機付け、能力、機会）をあげている。

　パールマンの問題解決アプローチは、その著『ソーシャルワークケースワーク：問題解決の過程』（1957年）で知られている。

　支援対象を特定しない。支援過程は6つの力動的要素から構成される。パールマンは、1957年時点では、4つのP（人：person、問題：problem、場所：place、過程：process）を掲げ、後に2つ（専門職：professional person、社会資源：provisions）を追加し、6つのPを提唱した（1986年）。

　問題解決アプローチは、①問題をもつことは自然なことであるととらえ、②人間は生涯何らかの問題に取り組んでいく存在であるという視点をもとに、小さな目標に取り組みながら（問題の部分化）成功体験を積み重ね、大きな目標（パーソナリティの発達）の達成を目標とし、3つの段階を示している。
①第1段階：問題の明確化である。問題の客観的側面とクライエントの主観的

な感情の両面を、ソーシャルワーカーとクライエントとが把握することである。

②第2段階：事実について考えることである。ここでいう事実とは、人と問題との状況、原因と結果、問題を処理しようとする努力、クライエントの望みなどである。

③第3段階：リハーサルによってクライエントがある行動に移せるよう支援することである。

（5）課題中心アプローチ

　課題中心アプローチとは、問題解決のために、クライエントの訴えや能力を尊重しながら課題を設定し、クライエントが短期的に課題に取り組めるよう支援するアプローチである。

　課題中心アプローチは、心理社会的アプローチ、問題解決アプローチ、行動変容アプローチの影響を受けながら、計画的短期性に関する調査研究をもとに、リード（Reid, W.）とエプスタイン（Epstein, L.）によって開発されたアプローチである。短期とは、リードによれば約6〜12週間、エプスタインによれば3〜4か月の間に8〜12回の面接が考えられ、支援の初期の段階で短期の支援期間を設定することが支援効果を高めることとされた。

　幅広い問題を抱える人々を対象にできるが、課題中心アプローチが対象とする問題には、①親子、夫婦などの対人関係において生ずる摩擦や葛藤、②孤独や過依存などの社会関係上の悩みや不満、③フォーマルな組織とのトラブル、④社会的役割の遂行にともなう困難、⑤社会的状況の過渡的な変化にともなう困難、⑥反応性の情緒的苦悩、⑦家計、住居、医療サービスなど生活に必要な資源が不足している場合などが例示されている。

　取りあげる問題の選択には、①クライエントが認める問題、②クライエントが自らの努力で解決できる可能性のある問題、③具体的な問題であるという3つの原則をふまえる必要がある。支援は次の4段階を経る。

①第1段階：クライエントの訴えと能力を尊重しながら、上述のような問題選択の原則に沿って、当面取り組むべき問題を明確にし選択する。

②第2段階：契約段階では、❶ワーカーとクライエントが対象とする問題、支援目標、支援期間について確認し合意をする、❷問題解決への動機づけを高める、❸クライエントをワーカーによるマルトリートメント（支援過誤）から保護し、ワーカーをクライエントの不当な訴えから保護するために契約を行う。

③第3段階：実行段階で、❶問題のアセスメント、❷支援方法の創出、❸関係機関や関係者の協力を得るための交渉、❹意志決定、❺実行という5つの作業を行う。課題の遂行状況がモニターされ、目標の達成度の確認や、必要に応じて目標や課題が修正される。

④第4段階：終結

（6）危機介入アプローチ

　危機介入アプローチとは、日常生活において誰にでも起こり得る危機の克服あるいは失敗が、その人の成長あるいは崩壊につながるという危機理論に基づき、人が危機に陥ればできるだけ早くその状態に介入して元の状態に戻るように支援することを意図したアプローチである。

　人は、生活上予期しない危機状況に直面したとき、不安や動揺、混乱状態に陥る。こうした危機状況に対するその人の特有の反応や、危機状況からの回復過程はある程度予測できるとするのが危機理論である。

　危機理論は、リンデマン（Lindemann, E.）がボストンのココナッツグローブ大火災で家族を失った人の悲嘆反応を観察し、どのように回復するかという研究が基礎になっている。その後キャプラン（Caplan,G.）らが、予防精神医学として危機介入アプローチとして発展させた。

　危機には、大別して2つある。第1は、発達的危機、すなわち成長発達の過程で、人々が経験する危機である。具体的にはエイディプス期、思春期、結婚、親になること、退職などがある。第2は、状況的危機、すなわち突発的で予期しない危機である。具体的には突然の病気、事故、未熟児の出産などである。これらの危機に直面する人が危機介入アプローチの対象となる。

　危機状況の特徴は、①防衛機制が弱まっており、他人の支援を受け入れやすい、②感情のバランスを欠く経験があれば、バランスを取り戻そうと努力する、③一般的に一時的で短期間である、④危機への対処法を学ぶことができるという成長の機会ともなる、⑤危機にともなう感情反応は一定の経過をたどることがあげられる。

　危機状況にある人に対して、次のようなアプローチがなされる。①危機状況は誰にもありうることであると受けとめられるよう、十分な感情表出を促し、心理的サポートを行う、②危機状況で起こっていることや本人や関係者の反応などの現実を受けとめられるよう支援する、③危機状況にありながら生活を再建するために、周囲の支援体制をともにつくる、④過去の危機状況をどう乗り越えてきたかをもとに、過去の対処機制が活用できないか、あらたな対処機制

をどう獲得するかについて話し合う、⑤同様の危機状況を経験した人々による
セルフヘルプグループあるいはサポートグループを活用することがあげられる。

（7）行動変容アプローチ

　行動変容アプローチとは、観察・測定可能な行動として問題をとらえ、それ
を維持・強化している条件をクライエントを取り巻く現在の環境のなかに見出
し、それら諸条件を操作することで問題となる行動を変容しようとするアプ
ローチである。

　治療モデルに基づくソーシャルワークのアプローチが、①長時間かけて効果
が不明瞭、②言語を媒介としクライエントに洞察を求めるため、支援の対象が
それに適うクライエントに限定される、といった批判を背景として、1960年代、
社会的学習理論等に基づく行動療法がソーシャルワークに導入されるように
なった。行動変容アプローチとして、トーマス（Thomas, E.）によって広く紹
介されたが、近年は、単独のアプローチとしてはとらえられなくなりつつあり、
さまざまなアプローチのなかに折衷的に取り入れられるようになってきた。

　多様な人を対象にできるが、不安、抑うつ、恐怖、依存、性的機能不全、対
人関係困難、脅迫的－強制的障害などに応用されるとき最も効果的とされる。

　アセスメントでは、問題を観察可能で具体的な行動として明確化する。いつ、
どこで、どのような状況のもとで（先行条件：Antecedent）問題となる行動
がどの程度起こるのか、周囲の反応はどうか（結果：Consequence）といった
ことが観察により記録される（ベースライン測定）。そのうえで、行動の仕組
みや行動と環境との関係が分析される（ABC分析）。

　支援計画は、具体的で肯定的な表現を用いた目標設定をもとに、ある行動が
起きたときにどのような強化子が得られるかを、クライエントと支援者との間
で契約する。支援計画に基づきモニタリングしながら介入し、介入前の状態と
介入後の状態の変化を測定するために、単一事例実験計画法（第5章参照）な
どが用いられる。目標達成後は、意図的に導入した先行事象を減少させ、クラ
イエント自らが行動の維持を図ることができるようにし（フェイディング）、
支援を終結する。

（8）エンパワメントアプローチ

　エンパワメントアプローチとは、ソーシャルワーカーとの対等でバランスの
とれたパートナーシップを媒介にしながら、社会構造的に生み出される問題に

よって無力感を抱いているクライエント自身が、①問題の社会構造的な特質を理解し、②パワーレスネスからの脱却が可能であると自覚し、③問題解決に必要な知識やスキルを習得し、④それらを用いて資源を効果的に活用・創造して問題（個人的・対人関係的・社会的）の解決を図るための一連のプロセスを促進するアプローチである。

　ソーシャルワークにエンパワメントの概念が初めて用いられたのは、1976年、ソロモン（Solomon, B.）の『黒人へのエンパワーメント〜抑圧された地域社会におけるソーシャルワーク』であったが、エンパワメントが黒人など一部の人々に限定的なアプローチであると考えられ、当初はその普遍性についての認識は弱かった。だが、民族独立運動、公民権運動、フェミニズム運動、セルフヘルプ運動、障害者の権利運動などの社会運動の広がりのなかで、社会的弱者とみなされてきた人が、自らの権利や可能性を実現する過程を通じて、抑圧的、従属的、依存的な環境からの脱却をめざしていった。こうしたことがソーシャルワーカーの存在意義を問い直す契機ともなった。

　①ストレングス、②パワーとパワーレスネス、③複眼的視点、といった視点をもとに、個人と社会の相互作用に働きかける。ストレングスとは、当事者の可能性や強さをいう。パワーとは、人生への影響力、自己表現力、他者と協働する力、公的な意志決定に関与する力をいう。パワーレスネスとはこれら4つのパワーが失われている状態を意味する。複眼的視点とは、歴史的、生態学的、階層的、ジェンダー、批判的、多文化的、グローバルといった複数の視点をもつことをいう。

　エンパワメントアプローチの過程は、①協働への準備、②パートナーシップの形成、③挑戦課題の明確化、ストレングスの特定、方向性の確定、④資源システムの探求、⑤資源の効能分析、⑥解決の枠組みづくり、⑦資源の活性化・動員、機会の拡大、⑧成果の発見・認知、⑨成果の統合といった段階が考えられている。

（9）ナラティヴアプローチ

　ナラティヴアプローチとは、クライエントが自らの人生を構成しているストーリーを理解し、そのストーリーを広げ変化させることを目標としている。そのため、唯一の真理とされる問題が染みこんだドミナントストーリーにクライエントが挑戦し、真実となりうるクライエントの人生の別の側面（オルタナティブストーリー）を見つけ出すよう支援するというアプローチである。

　ナラティヴアプローチは、1980年代、家族療法家であるホワイト（White, M.）

とエプストン（Epston, D.）が開発したものである。ナラティヴアプローチは、家族療法において主流であったシステムズアプローチや認知行動アプローチといった観察をとおした客観性や合理性とそれに基づく知への信頼をおく近代主義（モダニズム）の見方に対して、真実は同時に多数存在するものであり、所与のものではなく社会的に構築されるものであるという見方をとる社会構成主義（ソーシャルコンストラクショニズム）に代表されるポストモダニズムの考え方に基づいて発達してきたものの一つに位置づけられる。

　ナラティヴアプローチなどの構成主義的な支援論は、幅広いクライエントに有効であるが、特に多文化社会における人、逆境に直面している人へ、家庭内暴力を抱えている家族、複数のニーズをもつ家族など、文化や価値が多様化した社会における人や家族への支援に有効とされる一方、未だ新しいアプローチであり、適応あるいは禁忌の対象を特定する研究が必要とされる。

　ナラティヴアプローチの支援過程は、脱構築の段階と再構築の段階の大きく２段階からなる。

①脱構築
　❶ドミナントストーリーに傾聴する。
　❷内省的な質問によって問題を外在化（客観視）させる。
②再構築
　❸ユニークな結果に傾聴する。
　❹オルタナティヴストーリーを構築する。

（10）解決志向アプローチ

　解決志向アプローチ（Solution-focused Approach：SFA）とは、問題もその解決も社会的に構築されたものと考え、問題にとらわれず、問題が解決した状態に焦点をあて、クライエントが有する資源を引き出すことによって解決を構築しようというアプローチである。クライエントは、自分の生活に関する専門家であるととらえ、ソーシャルワーカーはクライエントから教わるという立場をとる。

　解決志向アプローチは、ド・シェイザー（De Shazer, S.）とバーグ（Berg, I. K.）らによって、1980年代初頭に提唱されたカウンセリングのアプローチであるが、ソーシャルワークにおけるストレングス視点を有している点で、ソーシャルワークのアプローチとして取り上げられるようになった。解決志向アプローチの原則は、①「もしうまくいっているのなら、それを直そうとするな」、②「もう一度うまくいったのなら、またそれをせよ」、③「もしうまくいかないのなら、

何かちがったことをせよ」というものである。

　アルコールや薬物依存、児童虐待、青少年の非行、家族間の不和、家庭内暴力など多様な問題を抱える人に活用できる。

　問題についての情報収集やアセスメントの段階はなく、解決した状態を目標にして、クライエントとともに小さな例外から生まれる解決を積み重ねていく。

　初回面接は、①「どうしたらあなたのお役に立てるでしょうか」という質問からはじめ、クライエント自らに問題を描写してもらう、②「もし一夜のうちに奇跡が起こって問題が解決したとして、翌朝どんな違いに気づきますか」というミラクル・クエスチョン（奇跡の質問）により、クライエントの望むことを具体化し、ウェルフォームド・ゴール（よく形成された目標）を設定する、③「問題が起こらなかったとき」「問題の程度が軽かったとき」など過去の例外的な経験を尋ねる（例外探しの質問）、④「そんな困難な状況をどのようにして乗り切ってきたか」「今までどのようなことが役立ったか」を尋ねる（コーピング・クエスチョン）、⑤初回面接時や2回目以降の面接のなかでクライエントの経験や感情を10の尺度で表現してもらう（スケーリング・クエスチョン）、⑥休憩をとる、⑦クライエントの努力や長所をコンプリメント（肯定する、ほめる）ようなフィードバックをする、⑧2回目の面接に向けて、解決に有効と思われる課題を与える。

　2回目以降の面接では、「何がよくなっていますか」という質問からはじめ、初回面接と同様の質問を重ね、解決を志向していく。終結にあたっては、スケーリング・クエスチョンを用いて、「どの数字になったら面接にこなくていいことになるか」と尋ねる。

　解決志向アプローチは、技法が明確であるが、効果的な活用には、「知らない」という態度をとり続けるための忍耐や、原則をふまえたトレーニングやスーパービジョンが不可欠である。

（11）ジェネラリストアプローチ

　ジェネラリストアプローチとは、多角的な理論的基盤、多層的介入、計画的な問題解決過程（インテークと取り決め、探索、事前評価、目標設定と計画、契約合意、介入、モニタリング、事後評価、終結）を前提とし、「人と環境」の交互作用にかかわる広範な領域を構造的に理解し、多様な役割を遂行するものである。

　1960年代末から1970年代にかけてピンカス（Pincus, A.）とミナハン（Minahan, A.）によるシステムズアプローチや、ゴールドシュタイン（Goldstein, H.）の

ユニタリーモデルなど、社会システム論の影響を受け、個人に対する働きかけとともに、環境に対する働きかけを統一的にとらえる統合アプローチが出現していた。ジェネラリストアプローチは、これら統合アプローチが、1980年代から1990年代にかけてのジャーメインとギッターマンのエコロジカルアプローチの影響を受けて洗練されたものである。

　ジェネラリストアプローチは、それぞれ独自の視点と方法を特徴とする他のアプローチとは異なり、包括的な視点と支援に必要な方法を多様に組み合わせているところに特徴があり、アメリカにおける学部レベルのソーシャルワーカー養成の理論的枠組みとされたものである。

　ジェネラリストアプローチは、「人と環境（諸システム）とのインターフェイスで生じている不調和の状態として把握される問題」を対象とし介入する。

①問題理解の視点は、人と環境（諸システム）との関係に焦点を当て、そこで生じている問題を全体的、多元的にアセスメントするというエコ・システム視点に基づく。

②支援過程では、情報収集とアセスメントにもとづいた問題の確認、解決にあたっての目標作成、計画目標に基づく課題の実行、その評価、というように計画的な問題解決を進めていく。

③支援過程の原則は、クライエントとソーシャルワーカーとのパートナーシップに基づく協働の作業として問題解決過程を進めていくことができるよう促すことである。

④支援の原則・種類は、必要に応じた多様な介入援助を複合的に行う。

⑤支援の目的は、クライエントの問題解決と社会的機能の回復・促進・強化、環境システムの変革である。

【学びの確認】

①ソーシャルワークの実践モデルとアプローチの違いを説明してみましょう。

②ソーシャルワークの対象ごとにどのような実践モデルとアプローチがあるか説明してみましょう。

③それぞれの実践モデルとアプローチの定義や特徴を説明してみましょう。

【引用文献】

1）久保紘章「ソーシャルワークの実践モデルⅠ」岡本民夫監修『社会福祉援助技術論（上)』
川島書店　2004年　p.215

2）秋山薊二「社会福祉実践モデルとアプローチの変遷」、仲村優一ほか編『戦後社会福祉
の総括と二一世紀への展望　Ⅳ』ドメス出版　2002年

3）久保紘章・副田あけみ編『ソーシャルワークの実践モデル』川島書店　2005年　p.ⅰ

4）岡本民夫監修『ソーシャルワークの理論と実践―その循環的発展を目指して―』中央
法規出版　2016年　p.162

5）カレン・ヒーリー著、杉本敏夫・熊谷忠和監訳『ソーシャルワークの方法とスキル―
実践の本質的基盤―』みらい　2016年　p.76

6）ロバート W. ロバーツ・ロバート H. ニー編、久保紘章訳『ソーシャル・ケースワーク
の理論―7つのアプローチとその比較―』川島書店　1985年

7）フランシス J. ターナー編、米本秀仁監訳『ソーシャルワーク・トリートメント―相互
連結理論アプローチ―』〈上・下〉中央法規出版　1999年

第3章 | ソーシャルワークの過程1 ─ケースの発見から契約まで

【学びの目標】

　21世紀に入り、海外から情報が瞬時に手に入ることができるようになった便利な現代社会において、自分の家の近隣にはどのような人が生活しているのかもわからないという現象が生じているのも事実である。また、このような地縁の希薄化により、誰にも発見されずに亡くなった状態で数か月後に発見されるケースや、地域住民が家庭内での虐待に気づかない、あるいは、気づいていてもどこに相談すればよいのかわからないなどの事態が引き起こされるケースも増えてきている。

　このような事態を未然に防ぐためにも、本章では、各種福祉サービスを提供する以前から契約に至るまでの過程に焦点を当て、生活課題を抱える人やその家族がサービスを利用するまでの複雑な心情や現状、そして、本人や家族が円滑にサービスを受領する流れを構築するソーシャルワーカーの視点や知識、技術、姿勢、行動について学習する。

① 問題を抱えるケースの発見が困難な現状を理解する。

② サービス利用が困難な人や家族に向けて、ソーシャルワーカーが積極的に働きかける意義を学ぶ。

③ サービス利用に至るまでの過程で、ソーシャルワーカーに必要とされる専門性を理解する。

1．ソーシャルワーク過程を学ぶ意味

　本書では、第3章から第5章にかけて、ソーシャルワークの過程を学習する。そもそも、私たちはなぜ、ソーシャルワーク過程を学ぶ必要があるのだろうか。その問いに対する答えとして、以下の3点が考えられる。

　第一に、サービスにつながるまでの過程に着目する意義が理解できるからである。サービスにつながると、さまざまな専門職による支援がはじまり、クラ

イエントの生活は、よりよい生活の向上に向けた一歩につながることが多い。しかし、サービスにつながるまではどうだろうか。例えば、本人や家族が支援を拒否すれば、自己決定の観点から、本人や家族の意思を尊重し、ソーシャルワーカーは一切かかわらないのだろうか。生命への危険度によっては、本人や家族の意思とは異なり、積極的に介入することもあるが、本来は可能な限り、本人や家族の気持ちや生活に時間をかけて寄り添うことが多い。しかし、それは、決して簡単な道のりではなく、さまざまな知識や技術、視点、倫理も必要になる。したがって、ケースの発見やアウトリーチ、そして具体的なサービスにつながる前段階のインテークを理解しておくことが大切になる。

　第二に、人と人を取り巻く環境は随時、良くも悪くも変わる可能性があるからである。日々の生活は一人で成立するものではなく、取り巻く環境からの影響や人から環境への働きかけによって、人の心身や取り巻く環境の状況は変わる。すなわち、人と人を取り巻く環境は随時、確認する必要があり、それを怠ると、よりよい支援が十分に発揮できるとは言い難い状況に陥ることもある。したがってソーシャルワーカーは、アセスメントからプランニングを行い、支援を実施したとしても、定期的なモニタリングが不可欠であり、状況によっては終結もあるが、必要に応じてアフターケアを行うこともある。

　第三に、個人や家族など世帯単位の事例であっても、地域も含めた事例であっても、各事例へのソーシャルワークの展開の検証、すなわち事後評価を行うことが大切になるからである。ソーシャルワーカーは、何事もやりっぱなしで終わるのではなく、その事例をふり返り、効果や課題を抽出し、次回への展開に反映する姿勢が求められる。そして、このような検証による成果が蓄積されることで、ソーシャルワークの学問にも良い効果をもたらすものといえる。

２．ケースの発見

（１）ケースの発見が困難な場合とは

　ケースの発見が困難な場合とはいえ、その困難な理由は多岐にわたり、さらに、それぞれの理由が複合的にからみあっている場合もある。

１）生活課題を抱える人が支援を求めたくても求められない場合

　人が生活課題を抱え、支援を求めたいと思い、専門機関に相談したいと切望しても、さまざまな事情により、相談することが困難な場合がある。

　例えば、相談するために市役所へ行く際に、その交通手段がなかったり、その手段でかかる経費を苦しい家計のなかからやりくりしなければならないと思い、行くことをためらったりする場合もある。また、自らの心身の状態が悪く思うように動けない、話せない状態の場合もある。さらに、日々、世話をする家族への気兼ねもあり、「相談したい」という声を出せない場合もある。

2）本人が支援の必要性に気づいていない、気づこうとしない、もしくは気づくことが困難な場合

　ソーシャルワーカーや家族、地域住民が、支援の必要性があると判断するようなケースにおいて、生活課題を抱える本人に働きかけても、本人が自らの生活に支援は必要ではないと思い、支援の申し出をしない場合や拒否する場合がある。

　例えば、日々の食事の準備がなかなかできずに、日に日にやせおとろえているにもかかわらず、本人が周囲からの助言に耳をかそうとはしないなどがあげられる。

　また、本人自らの心身の状況のため、自分の生活における支援の必要性について判断することが困難な場合もある。例えば、日常生活自立支援事業[*1]や成年後見制度[*2]の利用対象者となる認知症高齢者や知的障害者、精神障害者などは、このような場合に陥る可能性が高いものといえる。

3）家族が支援の必要性に気づいていない、もしくは気づこうとしない場合

　ソーシャルワーカーや地域住民が本人の日々の生活の様子を観察し、支援の必要性があると判断するようなケースにおいて、家族の価値基準で、本人の日々の生活を見た場合、支援の必要性はないと認識する場合がある。

　例えば、家族から本人への世話やかかわりが不十分であるとソーシャルワーカーや地域住民が判断しても、家族が自らの世話やかかわりに問題があるとは思わないため、周囲からの助言を受け入れようとしないことなどがあげられる。

4）地域住民が支援の必要性のあるケースに関する相談経路を把握していない場合

　地域住民が支援の必要性のあるケースを把握していたとしても、それをどこに相談しにいけばよいのかわからないまま、結果的に放置してしまっている場合がある。

　例えば、地域住民がある家庭内で虐待が起きているのではないかという疑いを感じていても、それをどこに相談すればよいのかわからないまま、自分自身

*1　日常生活自立支援事業　認知症高齢者や知的障害者、精神障害者などを対象に、福祉サービスの利用援助や日常的な金銭管理等を行うことにより、地域において自立した生活が送れるようにすることを目的としている事業である。

*2　成年後見制度　認知症高齢者や知的障害者、精神障害者など、判断能力の困難な人が不利益を受けないように、対象者の自己決定権の尊重や残存能力の活用などを保持しながら、保護し支援する制度である。

の日々の忙しさや、思い切った行動力や勇気もないことから、該当する家庭の状態をそのままにしてしまっていることなどがあげられる。

5）地域住民が支援の必要性のあるケースに気づいていない、もしくは気づこうとしない場合

　地域住民が支援の必要性のあるケースに全く気づかない、あるいは、気づこうとしない（関心がない）場合がある。

　例えば、何か月も経ってから遺体が発見された際に、近隣住民が「そういえば、最近、姿を見なくなった」「あの家にはどのような人が住んでいるかは知らなかった」など、地域住民間の関係の希薄化や無関心から引き起こされることなどがあげられる。

（2）ソーシャルワーカーに求められるもの

　本節では、生活課題を抱えた本人や家族、地域のさまざまな事情において、埋もれているケースを発見しにくい実状を述べてきた。そして、このような状況下で、ソーシャルワーカーが本人や家族、地域にどのような働きかけを行えば、一つひとつのケースが速やかに発見され、各種福祉サービスにつなげることができるのかを考察することは意義深いものといえる。

　しかし、すでに述べてきたように、本人や家族、地域にはそれぞれの事情があることからも、ソーシャルワーカーは、そう簡単にはケースの発見を行うことができないものといえる。したがって、ソーシャルワーカーは、ケースの発見が難しい場合を想定し、日頃から、地域とどのような関係づくりを構築すればよいのか、また、地域に何を発信するべきなのかを考える必要がある。さらに、本人や家族の心境に耳を傾けながら、一つひとつのケースにどのように向き合い、迅速な対応を図るには何が必要なのかなど、自らも考えるだけでなく、周囲の支援者とも互いに学びあう機会を積極的につくることも大切である。

3．アウトリーチ

（1）アウトリーチとは

　本来、生活課題を抱え、支援を必要とする人であるにもかかわらず、その求める力を失っていたり、本人や家族などが支援の必要性に気づいていなかった

りする場合がある。このような人を発見し、ソーシャルワーカーが積極的に出向き、働きかけながら支援の介入を行うことをアウトリーチという。

（2）アウトリーチの重要性

わが国の福祉制度や福祉サービスの利用において、実質的には、本人自らの相談窓口への「申請」がなければ、具体的な支援の展開には結びつかない場合が多い（「申請主義」という）。また、血縁や地縁の希薄化が叫ばれる現在、互いに気にかけ合うような関係づくりが弱まっているのも事実である。そして、このような状況下では、心身のさまざまな事情により、自ら支援を求める声をあげることが困難な人や、自らのもつ特性や価値観などにより、自分の生活における問題に気づいていない人、情報不足や逆に情報過多により、どこに相談すればよいのかわからない人などは、日々の生活を送るうえで必要な各種福祉サービスを利用できずに取り残される可能性が高まるものといえる。

したがって、本人からの申し出の有無に関係なく、ソーシャルワーカーは、自らの所属する専門機関や施設のなかで、本人や家族、地域住民が相談にくるケースをただ待つのではなく、取り残されている可能性のあるケースを掘り起こし、必要と判断されれば、福祉制度や福祉サービスにつなげられるように積極的に働きかけるアウトリーチの活動が重要になってくる。

（3）アウトリーチを進めるにあたっての留意点

アウトリーチを進めるにあたっては、まず、支援を必要とする対象者を発見しなければならない。そして、発見すれば、対象者を福祉制度や福祉サービスに速やかにつなげられるように、信頼関係の構築に重点をおくようにするとともに、本人や家族と一緒に抱えている問題を整理する。そして、優先的に支援を開始する必要があれば、迅速な対応を図る必要性も生じる。

したがって、本項では、以下の4点を留意点としてあげる。

1）ソーシャルワーカーは、対象者の身近な存在である自治会、民生委員[*3]、主治医など地域住民との連携システムを普段から確立させる

例えば、地域の行事や会合などをとおして、地域住民と日頃からの交流を図り、互いの信頼関係を築き上げるなかで、埋もれているケースの存在を地域住民から提供されることもある。また、こちらからの専門的な情報を発信するなかで、地域住民が自らの近所で援助を必要としている人の存在に気づき、その

*3　民生委員
民生委員法に基づき、厚生労働大臣から委嘱され、担当地域において、住民の立場に立って相談に応じ、必要な支援や調整を行い、地域福祉の増進に努めている。なお、児童委員も兼ねている。

存在をソーシャルワーカーに提供する場合もある。

　さらに、地域の医療機関や市役所、社会福祉協議会、保健センター、各種専門施設などとの日頃からの緊密な連携を図るなかで、互いの専門性を発揮することや、独自の情報を共有することにより、埋もれているケースのさらなる発見やその後の支援方針にも偏りのない方向性が生まれやすくなるものといえる。

　このように、地域住民や他の支援者との連携を図り、地道な活動過程を経て、ソーシャルワーカーは、埋もれかけていたケースを速やかに発見できることにつながるものといえる。

2）ソーシャルワーカーは、支援を受けることを求めていない対象者の利用に対する動機づけを高める働きかけを粘り強く行う

　支援を受ける必要がないと思っている対象者にとって、ソーシャルワーカーの突然の電話や訪問は招かざる人であり、不信感を抱くものである。「支援を受ける必要がない」と心から思っている場合もあれば、「とにかく、他人の世話にはなりたくない」とかたくなに拒否する場合もある。このような状況下で、たび重なる電話や訪問は、対象者がより一層の不信感を高めるだけのものになるため、「手は出さずとも目は離さない」要領で、ほどよい距離感を保ちながら観察する姿勢が大切になる。そして、このような姿勢と並行して、関連する支援者間での会議を開き、緊急時の受け入れ態勢などについて話し合っておくことも忘れてはならない。

　また、対象者が日頃から信頼をしている人、例えば、家族や近隣住民、主治医などから、本人に支援を受ける目的や内容について説明してもらうことは、支援を受けることに対する動機づけが高まることもある。

　さらに、本人が納得しやすい、あるいは利用しやすいサービスを案内し、そこから支援を開始し、その後、福祉サービスを利用することに対する抵抗感が緩和され、サービスの利用が広がることもある。例えば、毎日の食事を準備することが困難になっているひとり暮らしの高齢者に、ホームヘルプサービスの利用を案内しても、「他人に台所を触られるのは困る」と利用を拒否される場合がある。このようなときに、配食サービスを提案すると、「玄関で食事の受け渡しをするのならかまわない」と利用につながるケースもある。そして、配食サービスの利用をとおして、配達員との毎日のちょっとしたコミュニケーションを楽しむようになり、やがて、サービスの利用によって、生活のあり方が少し改善したことも実感するようになれば、配食サービスを紹介したソーシャルワーカーとの心の距離も少しずつ縮まり、福祉サービス利用に対する抵

抗感や不信感が緩和することにもつながる。

3）ソーシャルワーカーは、観察力、洞察力、コミュニケーション力を駆使して、本人の状態、家族との関係、居室や住居全体の様子を分析する

　本人や家族と面談する際には、その話す内容のみに注目するのではなく、ソーシャルワーカーのもつ五感をすべて活用したうえで、ありとあらゆる情報を入手、分析する視点をもつことが大切になる。

　ここでは、大切な視点として、2点あげる。

　一つは、対象者との信頼関係も少しずつ確立されるようになり、本人の自宅で面談する際にも、本人の話す現在の生活の様子やこれまでの生活歴などをとおして、目の前の居室やその他の部屋の様子、住居内外の雰囲気との間に違和感がないかなども合わせて確認することである。

　例えば、ある対象者は、昔からきれい好きで整理整頓しないと落ち着かないというほどの性格であったにもかかわらず、実際の住居を訪問すると、いろいろなものが雑然と床に置かれており、ひどい臭いが立ち込めている場合がある。このようなときには、本人の心身の状況に何らかの変化が認められる可能性も考えられると推測し、その視点から本人の状態を観察する必要性が生じる。

　もう一つは、本人や家族と一緒に面談する際に、その話す内容のみに注目するのではなく、本人と家族との会話の間に起こる非言語的コミュニケーションも合わせて観察し、分析することである。

　例えば、本人が話しはじめるときに、必ず、そばに座っている家族の顔を少し見ながらゆっくりと話しているという場面や、一緒に暮らしている本人の話題について、ある家族が話している間、もう一方の家族は視線をそらしていたり、座る姿勢をくずしていたり、あるいは、その場に一緒にいないという場面に出会うことがある。前者の場面では、本人は、日頃から、そばに座っている家族に気をつかいながら生活している可能性もある。また、後者の場面では、一緒に暮らしている家族全員で本人を支援するという構造になっていない可能性もある。

　このように、対象者の住居を訪問し、本人や家族と面談する際に、ソーシャルワーカーの五感を活用することにより、本人や家族の話す内容に加えて非常に重要な情報を得ることは決して少なくないのである。

＊4 主訴　クライ
エントが、現在、抱
えている主要な問題
としてとらえ、訴え
る具体的な内容を意
味している。なお、
クライエントからの
主訴と、本来、解決
しなければならない
課題（ニーズ）は、
必ずしも一致しない
場合もある。

**4）本人の主訴＊4や家族の思いを傾聴、受容、共感したうえで、その内容を
　本人や家族とともに整理する**

　緊急性を要する場合、あるいは、本人や家族がその許容範囲を超える問題を
抱えている場合などに、本人や家族は、それぞれの思いを伝えようとする際に、
話す内容が前後することもあれば、本筋から離れていくこともあり、結果的に
どうしたいのかという最終目標が二転三転することもある。

　ソーシャルワーカーとして歩んでいくなかで、このような状況が二転三転し
た経験は、誰しも経験することである。

　しかし、本人や家族の心身の状況が不安定になっている可能性がある場合に
こそ、ソーシャルワーカーは、より冷静な姿勢でのぞむことが重要になる。

　具体的には、本人や家族の話す内容がかなりもつれているおそれがあるため、
「繰り返し」や「要約」などのコミュニケーション技法を活用して少しずつ解
きほぐし、本人や家族とともに整理することが大切な作業になる。そして、そ
の作業を進めながら、本来の問題点がどこにあるのかをソーシャルワーカー自
らも分析し、時機を見て、本人や家族に理解を促すことも忘れてはならない。

4．インテーク

（1）インテークとは

　インテークとは、「受理面接」「受付面接」「初回面接」と訳されるように、
問題を抱えていると思われる対象者とソーシャルワーカーとのはじめての出会
いであり、ソーシャルワークの展開過程のなかでも開始期の最初の段階である。

　この段階での面接は、通常、1回もしくは数回程度の相談で終えることが多
く、相談経路においては、本人からの相談だけでなく、家族や親族、近隣住民
や専門機関、施設からの紹介の場合もある。また、その手段についても、電話
による相談や来所による相談、訪問による相談などさまざまである。

　そして、インテークの段階で、ソーシャルワーカーは、クライエント（相談者）
の主訴とニーズを明確化させ、ソーシャルワーカーの所属する専門機関や施設
から提供できる支援内容がクライエントに提供するべき支援内容に適している
かどうかを判断する。この過程をスクリーニングという。

　この過程で、ソーシャルワーカーは、クライエントに提供するべき支援内容
が所属する専門機関や施設で提供できると判断した場合には、支援に関する具
体的な説明を行い、クライエントは納得したうえで、契約を行う。一方、所属

する専門機関や施設で提供できないと判断した場合には、提供できない理由と他の適切な専門機関や施設を紹介し、必要であれば、クライエントや家族の了解のもと、紹介先の専門機関や施設との連携を事前に行うようにする。

　なお、近年、ソーシャルワーク関連の文献では、「インテーク」ではなく、「エンゲージメント」が使用されている場合もあるため、ここで、少しふれておきたい。

　エンゲージメントとは、「約束」「契約」「取り組み」を意味しているように、クライエントとソーシャルワーカーが対等な関係のもと、解決するべき問題に向けて一緒に取り組み、今後の方向性を決定する重要な段階である。したがって、インテークでは、ソーシャルワーカーがクライエントへの支援内容について、受理（受け入れ）の可否（適否）を決定するために情報収集を行う側面を強調し、ソーシャルワーカーが主になりやすい傾向がうかがえる。一方のエンゲージメントは、ソーシャルワーカーとクライエントが一緒に取り組む側面を強調していることから、その対等性に着目している傾向にある。

（2）インテークの重要性

　誰しもがこれまで出会ったことも話したこともない人に何かを相談するときは、非常に不安なものである。ましてや、相談内容が自分の生活や人生に大きく影を落とし、自分でもその答えが見つかっていないときには、なおさらである。「あっさりと電話を切られてしまったらどうしようか」「話をすれば、少しは楽になるのだろうか」「ていねいに接してくれる人であればいいなあ」など、大部分の不安と少しの期待が入り混じりながら相談にのぞんでいる場合が多いのではないだろうか。

　しかし、このような状況下において、相談窓口で対応したソーシャルワーカーが、クライエントと一緒に取り組むような姿勢を見せなかったり、明確な説明もないまま、他の専門機関や施設を紹介するような行動を起こしたりすることは、クライエントにすれば、「嫌がられた」「見放された」「結局、どこに相談へ行ってもこのような対応しかしてくれないのだろう」など、嫌悪感や絶望感へと陥ることもある。このような経験をしたクライエントは、相談をしようという気持ちには二度となれないかもしれない。

　一方で、ソーシャルワーカーがクライエントと一緒に取り組む姿勢を示し、少しずつ信頼関係を構築するようになったり、クライエントへの明確な説明と了解を得た後に、適切な専門機関や施設につなげる手続きを行ったりすることは、クライエントにすれば、「私のことを理解してくれる人がいる」「目の前の

道が切り開かれたように思える」など、満足感や安堵感を獲得することにつながる。

　このように、インテークでは、クライエントやその関係する人たちの今後の生活や人生のあり方を決定するための段階として位置づけられる。したがって、ソーシャルワーカーは、一つひとつの出会いを大切にし、自らの所属する専門機関や施設の一ソーシャルワーカーという自覚だけでなく、社会福祉機関や施設という大きな枠組みにおける援助者であるという自覚をもち合わせることが大切である。

（3）インテークの目的

　インテークを実施する目的としては、以下の3点をあげる。

1）情報収集と問題状況を把握する

　初回面接では、クライエントが、「自分はこれまでいかに大変であったかを理解してほしい」という思いなどから、話が前後したり、内容が二転三転したり、質問に対する答えがすぐに返答されないこともある。したがって、情報を収集するために必要な項目が記載されているフェイスシートなどを活用して面接にのぞむようにすると、聞きもらししてしまうような事態は起こりにくいものといえる。フェイスシートには、①基本情報（氏名、住所、年齢、家族構成など）、②相談内容（相談経路、手段（電話もしくは来所）、主訴など）、③支援の利用要件に関連する情報（家族関係、身体・精神的状況、収入、これまでのサービス利用状況など）があげられる。

　その際、ソーシャルワーカーは、フェイスシートに記載されている質問を、クライエントに一方的に淡々と行うような情報収集に徹するのではなく、傾聴・受容・共感を活かしながら、クライエントの話を深めたり、広げたりするような配慮も必要である。

　また、クライエントが求める要望（主訴）と解決するべき課題（ニーズ）が異なることがある。このことは、後のアセスメントから援助の展開に向けて、ソーシャルワーカーとクライエントが協働作業をするなかで明確にしていくことが必要である。そして、クライエントが解決すべき問題に気づいて認識することになる[1]。

2）所属する専門機関や施設の機能とソーシャルワーカーの役割を明確化する

　クライエントがソーシャルワーカーの所属する専門機関や施設から提供され

る支援を利用するかどうかを決定するためには、ソーシャルワーカーは、専門機関や施設の機能と提供される支援内容を、わかりやすい言葉でクライエントに伝えることが大切である。その際、パンフレットなどを活用すると、視覚にも訴えられ、クライエントは理解しやすいだけでなく、一度、持ち帰って、ゆっくりと検討するうえでも参考資料となる。

　また、クライエントが今後、問題を解決する過程で、これまでかかわっているソーシャルワーカーや所属する専門機関、施設が一方的かつ全面的に働きかけるものではないことを説明しておく必要がある。すなわち、ソーシャルワーカーや専門機関、施設は、クライエントに何をすることができるのか、どのようなときに対応できるのかを、クライエントやその家族に明確に伝えておくことが大切である。これは、クライエントやその家族がソーシャルワーカー等に対する過度の期待や依存をもたないようにするためにも大切な作業である。クライエントやその家族は、ソーシャルワーカーとの関係性において信頼関係が深まりはじめると、ソーシャルワーカーは何でもやってくれそうな気持ちが生まれやすいこともあり、安易な励ましや気軽に何でも引き受けてしまうような行為は、厳に慎まなければならない。

3）他の専門機関や施設を紹介する

　インテークの段階で、クライエントに必要な支援内容が、ソーシャルワーカーの所属する専門機関や施設で支援することが困難であると判断された場合、ソーシャルワーカーは、クライエントにその旨をわかりやすく説明することが大切である。そして、クライエントに提供されるべき支援内容に対応できる他の専門機関や施設を紹介する手続きを行うようにする。その際、複数の専門機関や施設を紹介する場合には、それぞれの専門機関や施設の概要を伝えることはもちろんのこと、それぞれがもつ長所や短所についても合わせて提供することを忘れてはならない。例えば、利用料金や支援内容の融通性については、クライエントも特に知っておきたい事柄であることからも、ソーシャルワーカーは、正確な情報を伝えられるように、日頃から心がけておくことが大切である。

　なお、最後に、ソーシャルワーカーは、所属する専門機関や施設が提供できる支援内容に、クライエントの支援内容を合わせるような行為を行ってはいけないことも付記しておく。

（4）インテークにおける留意点

インテークの段階におけるソーシャルワーカーとしての留意点について、以下の5点をあげる。

1）ソーシャルワーカーは、援助的面接を心がけ、クライエントとの信頼関係を確立させる

支援内容の合意に至る前とはいえ、インテーク段階から、ソーシャルワーカーはクライエントへの支援が開始されていると認識することが重要である。また、ソーシャルワーカーは、インテーク段階で、クライエントの情報を少しでも多く収集しようという意識をもちやすくなることから、フェイスシートを用いて、事務的に作業をこなしてしまいがちになるが、このような印象をクライエントにもたれるようなことがあってはならない。そのため、ソーシャルワーカーは、クライエントの相談内容や話すペースを尊重し、傾聴・受容・共感の姿勢をとることが大切である。

そして、このような姿勢をとることが、クライエントの抱えている不安や不満を吐露する機会になる。また、「ソーシャルワーカーにこの心情をわかってほしい」という思いから、クライエントがわかりやすく伝えようとする意識が、自身の抱えている問題を整理することができるだけでなく、隠された問題やニーズが表面化される場合もある。したがって、ソーシャルワーカーは、クライエントが話しやすい雰囲気づくりにむけた配慮や工夫を実践することが非常に重要である。

また、ソーシャルワーカーがクライエントを観察するように、クライエントもソーシャルワーカーを観察している。「このソーシャルワーカーは、わたしの不安を本当に理解し、解決してくれるのだろうか」というクライエントからの目があることを忘れてはならない。そして、インテーク段階で、ソーシャルワーカーの聴く姿勢や雰囲気、クライエントへの返答などから、「このソーシャルワーカーだったら大丈夫」とクライエントが思えるようになることが信頼関係を形成させることにつながるものといえる。

2）ソーシャルワーカーは、クライエントとの適切な距離感を保ち、クライエントへの言動も冷静かつ慎重に対応する

ソーシャルワーカーは、「共感」というよりも「同情」という目で、クライエントを見るようになると、必要以上の支援や安易な励まし、請負を行ってしまいがちになる。しかし、本来、問題解決をするのはクライエントであり、ソー

シャルワーカーではない。クライエントが自らの問題を自らの意思で解決できるように支援することが、真にソーシャルワーカーに求められているのである。したがって、ソーシャルワーカーは、インテーク段階から、「クライエントの不安を取り除いてあげたい、緩和させてあげたい」という思いや、「信頼関係を早く築きたい」という願いから、何の根拠も見通しもないような状況下で、クライエントを喜ばせるような言動は慎まないといけない。なぜなら、信頼しているソーシャルワーカーからの言葉がそのとおりにいかないということがわかったときのクライエントの絶望感は、はかりしれないものになるからである。

　さらに、人間とは、そもそも、自分の都合のいいように相手からの言葉を解釈してしまう特性もある。ソーシャルワーカーは、そのようなことを発言していないと思っていても、クライエントは自分にとって都合のいいように思い込んでしまうことがあるため、ソーシャルワーカーは、クライエントに伝える言葉や表現については、細心の注意を払う必要もある。

3）ソーシャルワーカーは、その日一日の面接やインテークを終結する際、これまでの面接内容について、クライエントと再確認する

　インテークの段階で、クライエントが抱える問題が深刻であればあるほど、緊急性の程度が高ければ高いほど、クライエントは、これまで話し合ってきた面接内容を自分のなかで整理し、持ち帰ることが困難になるものといえる。また、ソーシャルワーカーもあやまった視点で面接内容を受けとめていたり、クライエントとの間で、ある話題に関するニュアンスが異なっていたりすることもある。したがって、ソーシャルワーカーは、面接を終える前に、クライエントとこれまでの面接内容についてふり返り、確認することが大切になる。さらに、次回の面接までに、お互いにしておかなければならないことがあれば、その点についても方向性を共有しておく必要がある。

　また、インテーク段階から長時間にわたる面接を行うことは、クライエントにとってもかなりのエネルギーを消費し、冷静に物事を考えにくい状況になる可能性もある。そのため、ある程度の見通しが立つ程度まで面接内容が進んでいるか、もしくは常識を越える範囲で面接時間が経過していないかなどを含めて検討し、次回の面接に持ち越したほうがよいと判断できれば、面接内容を再確認後、次回の面接日時の約束を交わし、次につながるような形を取りつけておくことも大切である。

4）ソーシャルワーカーは、常に最新の正確な情報をもてるように心がける

　ソーシャルワーカーは、クライエントに何らかの情報を提供するときに、最

新かつ正確な情報をもち合わせておくという姿勢は、インテークの段階においてのみ、重要なことであるというわけではない。しかし、ソーシャルワーカーとクライエントとの間の信頼関係がまだ確立されていない状況下で、あるいは、もしかしたら、今回の出会いが最初で最後かもしれない場合だからこそ、より一層、このような姿勢をもつことを自覚しておくことが重要である。

　ソーシャルワーカーのもっている情報量によって、目の前にいるクライエントへの支援の質が変わるということがあってはならないが、実践の場では起こりうることである。したがって、ソーシャルワーカーは、豊富な情報量をもち合わせることも大切であるが、同時に、最新かつ正確な情報を開拓し続けるように努めることも重要である。そのためにも、ソーシャルワーカーは、所属する専門機関や施設の周辺に存在する社会資源に目を向け、時間の許す限り、それらの社会資源との交流をもつように努め、丹念に情報を収集し続けるようにすることが求められる。

5）ソーシャルワーカーは、クライエントの問題意識や解決意欲を高めるような働きかけをする

　ここまでの4点の留意点については、クライエントが自らの問題について解決したいという意欲をもっていることを前提に述べてきている。しかし、インテーク段階の面接では、クライエント本人ではなく、家族からの相談であったり、地域住民や他の支援者からの相談であったりする場合もある。このような場合に、クライエントは、問題を問題として認識していないこともあれば、たとえ認識していたとしても、解決意欲がほとんどない場合もある。そして、ソーシャルワーカーをはじめ、周囲の人々が熱心に問題解決に向けて行動に移しても、主役である本人が「解決しなければならない」という自覚をもたなければ意味がない。したがって、ソーシャルワーカーは、クライエント本人の抱える問題について解決の方向性を導く際に、緊急性の高いケースでない場合には、本人の気持ちに根気よくかかわり、寄り添う姿勢を見せることも大切である。

　ほかにも、クライエントが信頼している他者の力を借りて、本人が問題意識をもつことや解決意欲を高められるような働きかけをしてもらうのも一つの方法である。また、サービス利用に抵抗感の強いクライエントであれば、利用しやすいサービスを紹介し、利用することをとおして、利用への抵抗感や不信感を緩和する方法もある。

5．契約

インテークの段階における面接をとおして、クライエントが本来、必要とするべき支援内容をソーシャルワーカーの所属する専門機関や施設で提供できると判断され、また、クライエントもこのような形で提供されることを了解した場合に、契約、もしくは合意の手続きを行うことになる。その際、書類での契約を交わし、ソーシャルワーカーもクライエントもそれぞれが互いに書面を保管しておくようにする。

また、クライエントやその家族は、契約を結んだソーシャルワーカーが所属する専門機関や施設から提供される援助内容について、納得が行くまで、しっかりと質問を行い、確認しておくことが大切である。契約とは、ソーシャルワーカーとクライエントが対等な関係性の意味合いをもつが、同時に、クライエント側に「自己責任」という言葉もふりかかってくる。そのためにも、クライエントやその家族も受け身の姿勢ではなく、疑問に感じる点は納得できるように、ソーシャルワーカーへ積極的に働きかける姿勢をもつことが大切である。

一方、ソーシャルワーカーも、そのような姿勢をもつクライエントやその家族の存在を避けるような行為をしてはいけない。むしろ、このような存在やその声を大切にし、自らの言動をふり返り、他のクライエントやその家族に対する言動を改める機会になることを認識しておく必要がある。

【学びの確認】

①なぜ、問題を抱えるケースを発見することが困難なのでしょうか。

②サービス利用に消極的な対象者や家族に向けて、ソーシャルワーカーが積極的に働きかける重要性とは何でしょうか。また、働きかける際に、ソーシャルワーカーが留意するべき点とは何でしょうか。

③インテークの段階で、ソーシャルワーカーに求められる専門性としては、どのようなものが考えられるでしょうか。

【引用文献】

1）室田人志「社会福祉援助技術の体系」川村匡由編著『社会福祉援助技術』ミネルヴァ書房　2003年　p.52

【参考文献】

深澤里子・春見静子編著『社会福祉援助技術論』光生館　2002年

川村匡由編著『社会福祉援助技術』ミネルヴァ書房　2003年

黒木保博・山辺朗子・倉石哲也編著『福祉キーワードシリーズ　ソーシャルワーク』中央法規出版　2002年

副田あけみ著『社会福祉援助技術論─ジェネラリスト・アプローチの視点から─』誠信書房　2005年

杉本敏夫編著『社会福祉援助技術論』保育出版社　2004年

谷口泰史・松本英孝・高間満・相澤譲治編『社会福祉援助技術論』久美　2005年

第4章 ソーシャルワークの過程2 —アセスメントとプランニング

【学びの目標】

　アセスメントとプランニングは、クライエントへの支援の実施や実施後の評価を行う際の基礎となる資料を作成する重要な段階と位置づけられる。

　クライエントや家族とソーシャルワーカーとの関係は、信頼関係のうえに成立するものであるため、アセスメントと支援計画の作成が円滑に進まなければ、効果的な支援を実施することが困難になる。

　このような事態を未然に防ぐためにも、本章では、アセスメントやプランニングの重要性や具体的な流れ、ソーシャルワーカーに必要とされる視点や技術について学習する。

① アセスメントの重要性を理解する。
② アセスメントにおいて、ソーシャルワーカーが留意するべき点を理解する。
③ ソーシャルワークのプロセスにおけるプランニングとは何か、その意味、内容、作成上の留意点について理解する。
④ ソーシャルワークのプロセスのなかでのアセスメントとプランニングの役割を理解する。

1. アセスメントの意味と方法

（1）アセスメントとは

　アセスメントとは、クライエントの問題解決に向けて支援を開始する際の事前評価と位置づけられているように、クライエントが直面している問題や課題を明確にするために、情報を収集し、状況を分析する過程を指している。

　具体的には、①クライエントを理解するための基本的な情報、②クライエントが本来、抱えている問題を明確化させるための情報、③クライエントと関係性のある他者に関する情報、④クライエントとクライエントを取り巻く社会資

源（家族や近隣住民、すでに利用しているサービスなど）との関係性に関する情報などがあげられる。なお、面接時に、このような情報についてアセスメントシート（表4－1参照）を活用すると、上記の①～④の情報を聞きもらすような事態は避けられる。

　そして、情報を収集し、分析する際には、クライエントや家族固有の価値観やこだわり、これまでの両者間の関係性の変遷、そして、クライエントが暮らしている地域特性の事情などを十分に留意する必要がある。さらに、クライエントや家族の弱さやもろさばかりに着目するのではなく、もっている力や強さにも着目することが大切である。

表4－1　アセスメントにおける基本的な項目

□相談日時、相談依頼者、相談手段（来所、訪問、電話など） ①利用者の基本的情報 □氏名、性別、年齢（生年月日）、住所（連絡先）、職業 □生育・生活歴（家族歴、学歴、職歴、既往歴（疾病歴）） ②利用者の現在の生活状況、生活環境 □家族構成 □就労状況、経済（収入）状況（年金の種類、生活保護も含む） □医療的（身体的・精神的など）状況（診断名、主治医の連絡先、服薬状況） □住環境状況（持ち家か借家か、一戸建てかマンションか、住宅改修の有無） □現在の日常生活状況（一日の生活の流れ、趣味、家庭や学校、職場での人間関係、友人や地域住民との交流など） □サービス利用状況（これまでのサービス利用状況とその内容〈専門・非専門問わない〉） ③利用者の主訴、要望 □現在、利用者が抱えている問題とは何か □その問題は、いつ頃からどの程度の頻度で起きているのか □その問題は、どのような場面で起きるのか □利用者は、その問題をどのように思い、どのように対応してきたのか □利用者以外の家族やその他の社会資源は、その問題をどのように思い、どのようにかかわってきたのか □利用者は、今後、その問題をどのようにしていきたいと思っているのか □利用者以外の家族やその他の社会資源は、今後、その問題をどのようにしていきたいと思っているのか ④自由記載欄

註1）面接時、①から順番に質問するのではなく、利用者との話のながれで、随時、変更しながら対応することがのぞましい
出典　杉本敏夫編『社会福祉援助技術論』　保育出版社　2004年　p.67を一部改変

　また、アセスメントは、クライエントや家族がソーシャルワーカーに情報を提供し、ソーシャルワーカーと一緒に分析を進める際に、自らの置かれている状況を認識する過程であるともいえる。これは、ソーシャルワーカーとクライエント、家族などが、今後話し合う問題の本質について、食い違いが生じていると、ソーシャルワーカーとクライエント、家族との間に心理的距離が生まれることになるだけでなく、クライエントや家族の問題解決意欲を低下させることにもなるため、ソーシャルワーカーは、十分、留意する必要がある。

　このように、アセスメントは、問題解決に向けて、次の段階であるプランニングやインターベンション（第4章第2節および第5章第1節を参照）の方向性を決める基礎資料として位置づけられていることからも、重要な過程としてとらえられている。なお、アセスメントは、ソーシャルワークの展開過程のなかでも、ある一定の時期のみに限定されるものではなく、支援の終結段階まで継続して実施されるものである。

（2）アセスメントの目的

　アセスメントを実施する目的としては、以下の4点をあげる。

1）クライエントを理解するための基本的な情報を収集する

　アセスメントをとおして、クライエントのこれまでの生活歴や家族関係、そして、現在の日常生活の流れなどに関する情報をソーシャルワーカーが丹念に収集し、客観的な視点で、クライエントの価値観やこだわり、人間性、生活様式などを把握することが、クライエントを理解する第一歩になる。

　一方、クライエント自身も、インテーク段階での面接のときと同様に、自らの抱えている問題をソーシャルワーカーに伝え、ソーシャルワーカーからの質問に対して返答するなどの一連の流れを繰り返し行うことにより、問題の本質を認識することができたり、潜在化されていたニーズが顕在化されてきたりする場合もある。

　なお、クライエントを理解するための基本的な情報を収集するために、クライエントにこれまでかかわっていた、あるいは現在かかわっている専門機関や施設、その担当者から情報を収集することも大切である。クライエントや家族からの情報では、それぞれの主観的な視点で提供されることもあるため、そのような意味では、専門機関や施設から提供されるクライエントに関する基本的な情報は貴重なものになる。しかし、専門機関や施設からクライエントに関する基本的な情報を収集する場合には、事前に、クライエントに情報を収集する

必要性を説明し、了解を得るようにすることも忘れてはならない。

2）クライエントが本来、抱えている問題を明確化させるための情報を収集する

アセスメントをとおして、ソーシャルワーカーは、クライエントが自ら抱える問題としてとらえている主訴を傾聴するとともに、その問題はいつから生じたのか、どのような場所や場面で起きているのか、どの程度の頻度で行われているのかなど、具体的な内容を収集することが大切である。また、クライエントやクライエントを取り巻く他者（例えば、家族や近隣住民、かかわりのある支援者など）は、この問題をどのようにとらえ、これまでの間、どのような対応を行ってきたのかについても理解を進めていくことが重要である。

なお、クライエントや家族からの情報については、前述したように、主観的な視点が含まれている可能性もあるため、ソーシャルワーカーは、客観的な視点で判断できる眼をもち合わせることも必要である。また、クライエントからの主訴と本来、解決しなければならない課題が必ずしも一致しているとは限らないため、このような場合にソーシャルワーカーは、クライエントに確認するタイミングについて見極めることも大切である。

3）クライエントと関係性のある他者に関する情報を収集する

クライエントと関係性のある他者からの情報は、例えば、家族の場合、本人に対する家族の思いや家族内における本人の立場、家族による今後の協力姿勢の程度をうかがえることからも大切な情報である。また、本人の思いと家族の思いが一致しない場合もあることから、家族に関する情報を収集することにより、その点についても浮き彫りにされ、クライエントと家族それぞれへの支援のあり方について、ソーシャルワーカーとして考察できる機会にもなる。

さらに、近隣住民の場合も、クライエントに対する近隣住民の思いや近隣住民による今後の協力姿勢の程度を把握できる機会になる。また、クライエントが家族にもソーシャルワーカーにも見せない別の面を近隣住民に見せている可能性もあるため、クライエントとかかわりのある人々からの情報収集は怠らないようにする必要がある。

なお、ソーシャルワーカーは、クライエントへの情報収集と同様に、関係性のある他者についても客観的な視点で傾聴するように心がけることが大切である。

4）クライエントとクライエントを取り巻く社会資源（家族や近隣住民、すでに利用しているサービスなど）との関係性に関する情報を収集する

　クライエントが抱えている問題とは、多くの場合、クライエントのみで生まれている問題ではない。そこには、クライエントだけでなく、クライエントと関係性のある他者、例えば、家族や親族、近隣住民、これまでかかわりのあるソーシャルワーカーなども、クライエントが抱えている問題に何らかの影響を及ぼしているものと考えられる。そのため、クライエントとクライエントを取り巻く社会資源との関係性を把握しておくことや、今後の関係性のあり方についても、それぞれの立場からの情報を収集することが必要となる。

　このようなアセスメントをとおして、ソーシャルワーカーは、クライエントを取り巻くネットワークの弱さやもろさ、強さや力について評価するだけでなく、クライエントが認識している問題やクライエントが本来、解決すべき問題が生じた根本的な原因とは何かについても分析するように心がける。さらに、今後、活用できる社会資源とは何かなどについても目を向ける必要がある。これは、クライエントが問題を解決するためには、さまざまな人や専門機関、施設、制度、サービスなどの支援の手が必要となるからである。この支援の手が限定されるということは、クライエントの問題解決への道のりが険しくなることを示している。したがって、支援の手となる情報を収集することが大切である。

（3）アセスメントにおける留意点

　アセスメントの段階におけるソーシャルワーカーとしての留意点について、以下の4点をあげる。

1）ソーシャルワーカーは、クライエントの問題の本質と全体像について把握する

　前項の「アセスメントの目的」でもふれたように、クライエントが認識している問題と、本来、解決すべき問題が異なる場合がある。したがって、ソーシャルワーカーは、クライエントの発言だけに注目するのではなく、クライエントやクライエントとかかわりのあるさまざまな人たちからの情報を集約しながら、問題の全体像を把握することが大切である。また、「矛盾している点はないか」「欠けている情報はないか」などに着目しながら傾聴し、情報を整理することが求められる。

　さらに、クライエントが認識している問題とソーシャルワーカーが認識して

いるクライエントの問題が一致しない場合には、確認するタイミングや内容などに十分考慮しながら、両者間で話し合う作業が求められる。このような作業をとおして、新たな情報を収集することが必要になることもあれば、クライエントが真のニーズに気づくこともある。

　このように、ソーシャルワーカーにとってみれば、アセスメントの過程は、全神経を集中させなければならないほど、多くのエネルギーを消費することであり、分析能力の高さが要求される。

　なお、アセスメントの段階で、クライエントの自宅にソーシャルワーカーが訪問することも大切である。クライエントが実際に生活している住居からは、クライエントや家族の口から提供される情報とはひと味違った情報が得られることもあるため、面接場所を変えることも必要である。

2）ソーシャルワーカーは、クライエントのもつ強さや生活におけるプラス面に着目する

　ソーシャルワーカーは、クライエントの不安を抱えている表情や家族の苦しみがにじみ出ているような表情を目の当たりにすると、クライエントや家族のもつ弱さやもろさ、そして、生活におけるマイナス面に目がいきがちになる。しかし、それだけではなく、クライエントや家族のもつ強さや力、生活におけるプラス面についても見逃さないように着目することが大切である。

　そもそも、問題を解決するのはクライエントであり、ソーシャルワーカーではない。ソーシャルワーカーは、問題を解決する過程で、クライエントが問題を認識することができ、その問題を解決するための目標を設定するといった一連の流れにおいて、クライエントが主体的にのぞめるように、クライエントのワーカビリティ*1を最大限に引き出し、支援を展開することが求められる。

*1　ワーカビリティ　支援者からの働きかけにより、利用者自らが問題を解決しようとする意欲のことである。

3）ソーシャルワーカーは、基本的なコミュニケーション技術や面接技法を活用する

　前章のインテークでも述べたように、クライエントや家族にとって、これまで誰にも話したことのない話をすることや、身内の恥になるかもしれない事柄について他人に話すことなど、そう簡単にはできないことである。しかし、そのような話のなかに、問題の核心が含まれている可能性もあることを考慮すると、ソーシャルワーカーは、クライエントや家族が安心して胸の内の思いを吐露できるような配慮や工夫、そして技術が求められる。

　ここからは、アセスメントの段階におけるコミュニケーション技術や面接技法について、3点述べる。

　第一に、ソーシャルワーカーは、クライエントや家族が話しやすい雰囲気を
提供することである。

　ソーシャルワーカーは、傾聴・受容・共感の姿勢を大切にするだけでなく、
クライエントや家族からの発言に対して、非審判的な態度でのぞむようにする
ことが求められる。例えば、クライエントや家族の話す内容について、「あの
ような発言はおかしい」「クライエントが話している内容のほうが家族の内容
よりも絶対に正しい」などといった審判的な感情がソーシャルワーカーのなか
に流れていると、たとえ、そのような表情をソーシャルワーカーが見せないと
しても、クライエントや家族を冷静かつ客観的な視点で観察することができな
くなるものといえる。したがって、自己覚知＊2を深めることが必要である。

　また、会話の間における間や、クライエントや家族からの沈黙についても、
ソーシャルワーカーがクライエントや家族をせかすような言動はとらずに、観
察しつつも少し視線をそらして待つ、少し座る位置を変えてみるという姿勢も
有効な面接技法である。このように、ソーシャルワーカーは、「一緒にじっく
りと考えて行きましょう」という雰囲気づくりを提供することも求められてい
る。

　なお、クライエントや家族がソーシャルワーカーに話をするときに不安なこ
との一つとして、「このソーシャルワーカーは、こちらの話を誰にも話さない
だろうか」ということがある。したがって、ソーシャルワーカーは、アセスメ
ントをはじめる前に、クライエントや家族が話した内容については、クライ
エントや家族からの了解をとらない限り、誰にも話すことはしないというソー
シャルワーカーの守秘義務について、クライエントや家族に明確に伝えておく
ことも大切である。

　第二に、ソーシャルワーカーは、クライエントや家族からの話に広がりをも
たせるようにすることである。

　「はい」や「いいえ」で答えられるような閉じた質問は、会話の最初の段階
として、気負うことなく答えられやすいことからも有効な質問である。しかし、
閉じた質問ばかりが投げかけられると、ソーシャルワーカーは、自分の聞きた
い質問を要領よく短時間で聞くことができるが、クライエントや家族にしてみ
れば、尋問されているような印象を受け、しかも、自分たちの話を話せる機会
に恵まれないことから、不満がつのりやすくなる。

　したがって、ソーシャルワーカーは、クライエントや家族の胸の内を引き出
せるような質問を行うことが大切になる。例えば、「そのようなことが起きた
とき、どのように思われましたか」「なぜ、子どもさんはそのような行動をさ
れたと思いますか」など、開かれた質問を活用して、クライエントや家族の話

＊2　自己覚知　自
分の個人的な特性や
価値観の偏りを認識
することである。自
己覚知を深めること
によって、相手の言
動や発言内容につい
て客観視することが
できるため、ソー
シャルワーカーにとっ
ては、大切な作業で
ある。

に広がりをもたせるようにすることが重要である。このような質問をとおして、クライエントや家族も、普段、心の奥深くにしまい込んでいた感情を押し出す機会になる。また、質問に対して、クライエントや家族が返答を拒否したり、躊躇したりする言動が見受けられた場合には、ソーシャルワーカーは、その理由について考察することも大切である。

第三に、ソーシャルワーカーは、クライエントや家族からの話のみに頼らないことである。

クライエントや家族からの発言内容だけでなく、クライエントや家族は、そのほかにも、多くの情報をソーシャルワーカーに提供している。

例えば、ソーシャルワーカーからの質問に対して、クライエントと家族、どちらが先に話しはじめているか、あるいは、クライエントが話しはじめるときに、家族の顔色をうかがうように、家族の顔をチラッと見ているかどうか、家族が話しているときのクライエントの表情はどのようになっているのかなど、クライエントや家族が実際に話す内容以外でも、クライエントと家族との関係性や勢力関係などを判断できる場面が見られることもある。

したがって、ソーシャルワーカーは、クライエントや家族が流暢に話しているときには、話されている内容を整理することばかりに集中しがちになるが、同時に、クライエントと家族から発信される非言語的コミュニケーションも観察することが求められる。

4）ソーシャルワーカーは、アセスメントで得られた内容を客観的な表現で記録として残す

アセスメントをとおして確認できた内容については、客観的な表現で記録として残し、失わないように、しかるべき場所に保管することが大切である。アセスメントの段階で作成した資料は、その後のソーシャルワークの展開過程においても活用されるために、ソーシャルワーカーの思い込みともとれるような主観的な表現で記録することは避けるように留意する必要がある。また、クライエントや家族の個人情報が詰まっている資料であるからこそ、紛失しないように、細心の注意をはらって取り扱うように心がけることも大切である。

2．プランニング

（1）プランニングとは

　アセスメントをふまえ、クライエントの生活上の問題を解決、改善するためにゴールを設定し、何をどのようにすればよいのかを考えていくことになる。これがソーシャルワークのプロセスにおけるプランニングであり、その内容としては、支援の到達点である目標を設定し、どのような支援を行うのかといった支援計画が作成されることになる。よってプランニングは、支援目標の設定と具体的な支援計画の作成に大別できる。

　プランニングは、アセスメントが終了してから作成する、といったものではなく、実際にはアセスメントと並行して模索されるものである。また、プランニングにあたっては、ソーシャルワーカーが一方的に作成するものではなく、クライエント、家族、関係機関・団体などの関係者の合意のもとに総合的な観点で作成していくことが望ましい。特に生活の主体者であるクライエント自身が納得できていないと、支援目標や計画は絵に描いた餅になってしまう。クライエントの生活を中心に考え、クライエント自身がどのような生活や支援を求めているのかを理解しつつ、クライエントの意思を最大限尊重するというクライエント本位の姿勢を基本に据えるべきである。

　そして、アセスメントでも強調されているように、クライエント本人の観点から生活上の問題やニーズをとらえることを意識しておくことが重要である。クライエントの生活のしづらさを軽減するためにどのようなプランニングを行えばよいのかを考えていくのである。いわば、クライエント自身に問題があり、それを克服することによって解決、改善できるという「医学モデル」の考えではなく、クライエントとクライエントを取り巻く環境[1] *3との関係性のなかで問題をとらえていく「生活モデル」に基づいたプランニングを行っていくべきである。したがって、プランニングはクライエントとクライエントを取り巻く環境の不調和をどうすれば改善できるのかといった観点から作成される。

　加えて、生活モデルでは、私たち人間は絶え間ない環境との交互作用をとおして適応しながら進歩、成長、発達しているとみなしている[2]。人間は、環境と調和する能力を有しているというエンパワメントの視点でのプランニングを行うこととなる。

　以上のことから、プランニングは、人間が成長する能力や適応能力を高めるために、またニーズに対応するための環境の能力を高めるために計画されるの

*3　ジャーメインらは、環境を次のように規定している。人間にとっての環境とは、動植物や景色・気候などの自然環境、建物や交通や通信システムなどの人類によって創造されたもの、地縁・血縁・同僚・相互援助システムなどの社会的ネットワーク、民間や公共のサービスや社会資源などの組織や労働・教育・住宅・福祉・保健などの制度などがある。

である[3]。

（2）支援目標

1）支援目標とは

　支援目標とは、支援の到達点（ゴール）である。アセスメントの段階でクライエントの生活上の問題やニーズが整理されているが、これらをもとに支援の到達点や支援の方法を考えていくことになる。クライエントの生活上の問題が解決、改善された状態、すなわちニーズが充足された状態が支援の到達点であり、支援目標となる。

2）支援目標作成上の留意点

　支援過程全体で見るならば、クライエントの自立生活を実現したり、あるいは維持したりすることが支援目標となる。人々の生活のあり方は一人ひとり異なっている。そこで、クライエントの自立生活とはいかなるものかを極めて個別的に模索しながら支援目標を設定していくことになる。目標設定*4にあたっては、極力クライエントの意思を尊重*5しつつ共通認識のもとに行っていくよう心がけなければならない。つまりクライエントの生活のためであり、支援目標が、クライエントの「生き方・価値観」に沿ったものでなければならない[4]。

　ところが、支援目標はいきなり達成できるものではない。達成に至るまでに取り組まなければならない課題が存在する。最終的なゴールに向け、中間的な支援目標（サブゴール）を設定することで、最終ゴールにたどり着くのである。最終の支援目標を長期目標、そこに至るまでの中間的目標を中期、短期目標という。まずは緊急を要する課題や長期目標に向け比較的短期に取り組むことのできる課題を選定し、数か月単位の短期目標を設定する。短期目標を達成し、その積み重ねとして中期目標に進み、そして長期目標へと向かっていくのである。

　一方、支援を展開する過程で相談機関がかかわるだけでなく、具体的な福祉サービス提供施設・事業所がかかわっていくことも多い。このような場合、クライエントの自立生活の実現や維持に向け、その福祉サービス提供施設・事業所が提供できる範囲のなかで支援目標が設定されることになる。

　例えば、ある障害者の生活支援を行うとする。支援全体で見るなら、「地域において自立した生活を営む」といった長期目標を設定したとしよう。そのために、「住居確保」、「所得保障」、「日中活動の場の提供」、「対人関係の円滑化」、

*4　目標を設定する際、一度に多くの目標を設定すると実現が困難になる場合があるので、緊急を要することや重要なことなど優先順位をつけ、現実的な目標を設定することになる。

*5　利用者の意思をそのまま設定してしまうことが、かえって利用者に不利益をもたらす場合や反社会的・非社会的行為となる場合などは、いくら利用者の意思といえども支援の目標として掲げるのではなく、じっくり話し合いながら調整を行う必要がある。あるいは、利用者の意思を実現することが明らかに不可能な場合もある。このような場合は、無理にあきらめてもらうのではなく、支援を行いつつ、実現可能な方向性を見出したり、あるいは実現不可能であることを利用者自らの気づきを促し、新たな方向性を見出したりする。

「困ったときの相談体制の整備」といった中・短期間の目標を設定したとする。そこで、「所得保障」「日中活動の場の提供」のため、就労移行に向け障害者の就労移行支援サービスを利用することとなれば、障害者の就労支援を担っている就労移行支援事業所では、本人の「就労」が支援のゴールとなる。

　また、具体的に福祉サービスを提供する施設・事業所においても、支援過程全体から見ると支援の一部分を担うことになるが、そのなかでも長期目標、中・短期目標が設定される。先ほどの就労移行支援事業所では、「就労」がその施設・事業所の長期目標となる。そこで、本人が就労に結びつくために「作業技術の修得」、「生活習慣の修得」、「利用者自身の意識の高揚」、「自らの思いを主張できるようになる」などが中期目標として考えられる。さらに、中期目標を達成すべく「作業レパートリーの拡大」、「作業量の増大」、「職場の人に挨拶ができる」、「適切な作業用補助具の確保」といった短期目標があげられよう。

　さらに、のちにモニタリングや評価を行う際に効果測定が可能となるよう、いつまでに、何を、どの程度（頻度、数、時間）といった内容を明確にした目標設定を心がけるべきである。例えば、「半年後には○○の作業を1時間に○○個加工できるようになる」といったように目標設定すると具体的であり、半年後にモニタリングを行う際、より客観的に評価できる。このように、長期目標は抽象的な表現であったのに対して、中期、短期目標になると具体的な表現方法となってくる。

　なお、福祉サービスを提供する機関は、その機関のサービスだけで完結するものではない。支援全体のなかの一部を担っているのであっても、どの部分の支援を担っているのかを認識し、またクライエントの支援に関与している他の関係機関や団体との連携のもと協働しながら支援を展開する必要がある。

　同じ「就労」を目標としても、一人ひとりのクライエントの状況が異なっており、支援のあり方も当然異なってくる。よって、就労に向けた取り組みそのものの短期、中期目標は、一人ひとりのクライエントによって異なってくる。ある人は、「社会性を身につけていく」ことが目標となるかもしれない。一方で別のクライエントにとっては、本人の適性に応じた作業用補助具を準備し「作業を行いやすい環境を用意する」ことが支援の目標となるかもしれない。一人ひとりに応じた支援目標や計画が必要であり、就労に向けた支援は決して一律ではない。いかにアセスメントが重要であるかが理解できるであろう。

　一方で、私たち人間の生活は、今、現在困難な状況にあったり、差し迫った生活上の問題を抱えていたりすることが多い。むしろこのような状況に陥り、福祉サービスの利用を開始することのほうが多いのではないだろうか。例えば、現在入院中であるが、近々退院予定である要介護状態にある高齢者がいるとし

よう。在宅で生活するために何が必要なのかを考えなければならない。住宅環境、介護問題、家族の負担、本人の生活リズムなど緊急を要する課題が多くある。このような場合、まずは今の生活あるいは差し迫った生活の保障をどうしていくのかといった短期の目標を最優先に考え、生活の安定を図っていくことになる。そのうえで、将来的な展望を見据えた取り組みが必要になる。

　また、入所施設の利用者などの場合、日々の施設での生活におけるニーズは具体化しやすいが、将来を見通した支援目標を設定しにくい場合もある。入所の段階で将来を見越した目標設定よりも、地域で生活することが困難な状況にあるため、緊急対応として施設入所するといったことが多く見受けられる。特に重度知的障害者など将来展望を自ら語ることが困難な場合、長期的な観点でのニーズ把握や支援目標の設定は困難である。このような場合、まずは日々の生活支援を行いながら、同時にアセスメントを繰り返し、将来展望を模索していくことになろう。いわば、短期目標からスタートし、中期、長期目標を検討していくのである（図4-1）。

　プランニングに際して、日々の生活が安定すればそれでよしとするだけでなく、一人ひとりのクライエントの自立生活とはいかなるものなのかといった生活全体を視野に入れ、その支援に向けた目標設定や支援計画を考えていくべきであろう。そして、支援がクライエントの生活にどのように影響を及ぼすのかを熟慮しながら進めていきたい。

図4-1　自立生活に向けた支援概念図

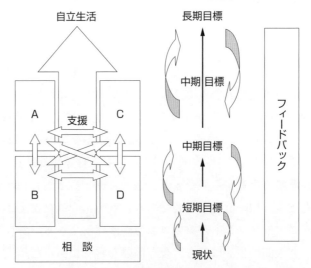

ＡＢＣＤは、各サービス提供機関、施設の支援を表している。
＜＝＝＝＞は、各サービス機関、施設間の連携を表している。

出典　津田耕一『利用者支援の実践研究〜福祉職員の実践力向上を目指して〜』久美　2008年　p.164

（3）支援計画

1）支援計画とは

　支援目標を達成するためにどのような支援を展開するのかを考えなければならない。これが支援計画である。支援計画は、クライエントの生活上の問題を解決・改善するために、すなわちニーズを充足し自立生活を実現あるいは維持継続するためにどうすべきかを具体的に示したものである。

2）支援計画作成上の留意点

　支援計画の作成にあたっては、以下の点に留意する必要がある。まず1点目は、支援の方針を立てることである。支援の方向性やどのような態度でクライエントと接するのかといった支援過程をとおしての基本姿勢を関係者で確認するのである。この支援の方針をふまえつつ、それぞれの関係者が役割を担って支援を展開していくことになる。例えば、障害のある人の支援を展開するうえで、「利用者の地域生活を支援する」という方向性で、「本人に対して受容的態度で臨み、できるだけ本人の想いを確認しながら意思を尊重する」といったことがあげられよう。方針を明確にすることで支援全体の統一性が保たれる。むろん、一人ひとりのクライエントの支援の方針を個別化することが重要である。

　一人ひとりのクライエントの置かれている状況は異なっており、めざすべき生活スタイルも当然異なっている。したがって、支援目標でも述べたように、複数のクライエントに同じ支援目標を設定したとしても、支援のあり方は一人ひとり異なってくるものである。「経済保障」という目標を設定したとしても、就労をめざして経済的保障を得ることを目標とする人もあれば、生活保護を利用して経済的保障を得る人もいるだろう。そうすると当然目標に向けた支援計画は大きく異なってくる。前者は、就労に向けどのような取り組みを行うのかを考えるであろうし、後者は、生活保護を受給するための支援や受給後の収支のバランスを保った生活支援が計画としてあげられることになる。

　2点目は、支援計画の内容は、具体的、肯定的な表現とする。抽象的な表現での支援計画では関係者の共通理解が得られず、結果的に支援が展開されないことになる。したがって支援計画では、①いつ（までに）、②誰が、③どこで、④どのような目的で、⑤誰に対して（あるいは何に対して）、⑥なにを、⑦どのように、⑧どの程度、⑨どれくらいの費用で実施するのかを明確にする。このように具体化することで、後に評価しやすくなったり、責任の所在が明確になったりする。また、「○○しない」といった否定的な表現はマイナスのイメージが強いため、「○○する」といった肯定的表現を用い、支援をより積極的な

意味合いでとらえることを意識する。

　3点目は、クライエントの生活上の問題解決・改善やクライエントのニーズ充足に合致したもの、クライエントの意向や関係者の考えに沿った内容とする。なかでも、クライエントの生き方や価値観を反映したものでなければならない。クライエントの意向に沿ったものでなければ支援はうまく展開していかない。ソーシャルワーカーが主導権を握って計画を作成すると、クライエントが十分納得できていない場合があり、いざ支援がはじまったときにクライエントがその支援を躊躇したり拒否したりすることがある。そうなるとせっかく立てた計画が無意味なものとなってしまう。

　例えば、在宅で生活する要介護状態にある高齢者の支援計画を立てるとする。日中家に閉じこもりがちであることから、ソーシャルワーカーがデイサービスセンターの利用を勧める。本人は、ソーシャルワーカーの勧めるままデイサービスセンターの利用を承諾する。そこで、デイサービスセンターに問い合わせ、利用が可能なように手配する。しかし、利用開始当日、本人から利用を辞退したい趣旨の連絡が入る。

　なぜこのようなことが起こるのだろうか。このクライエントは、ソーシャルワーカーに勧められるままデイサービスの利用を承諾した。しかし、本人の求めているのはデイサービスではなく、他のサービスであった。ところがソーシャルワーカーは「外出の機会を得るためにも、デイサービスの利用が必要」と十分本人の想いを確認せず早計に判断したため、本人の想いとは異なったサービスを結びつけてしまったのである。いわば、クライエントが家に閉じこもりがちだから外に出てもらおう、だったらデイサービスというサービスがある、といった短絡的な計画になってしまい、サービスにニーズを合わせてしまったのである。そうではなく、家に閉じこもりがちである、ということに対してどのような問題が考えられるのか、クライエントの生活状況を十分アセスメントしたうえで、本人はそのことをどのようにとらえており、どうしたいと思っているのか意図するところをしっかりと引き出し確認する必要があった。

　より具体的に、踏み込んだ形でクライエントの状況や想いを確認することで本当のニーズが見えてくるのであり、ニーズに沿った支援の方向性も見えてくるのである。そのうえで、クライエントに最も適切なサービスを提示し、納得してもらえるような説明が必要なのである。

　4点目は、ニーズに沿った支援計画とするためには、社会福祉関連の制度といったフォーマルな社会資源のみならず、インフォーマルな社会資源*6の活用も含め、包括的な観点からの計画作成が求められている。地域生活支援では、相談相手、見守り活動、緊急対応システム、近隣住民との関係づくり、住宅改

*6 インフォーマルな社会資源とは、公的な制度とは異なり、民間団体や個人の活力を活用するものである。例えば、地域のボランティア団体、近隣住民の声かけなどがある。これらを有効に活用するためには、普段から地域にどのようなインフォーマルな社会資源があるのかを知っておく必要がある。また、民間団体との関係づくりも重要な役割となる。

修、外出支援、食事・排泄・入浴などの身体介護、経済保障などさまざまな支援を多角的に考えていくこととなる。狭い範囲の社会福祉の制度の活用だけでは、生活を支援するうえで一側面しかカバーしきれないのである。既存の制度やサービスでは網羅できない細かな支援は、近隣住民の協力やボランティア団体の協力などが重要な役割を果たすことになる。

　5点目は、支援計画は、まず緊急に解決・改善しなければならない問題など、現在、クライエントが生活上抱える問題に対応するための計画を優先して立てることになる。一方で、中期、長期目標を視野に入れながら取り組むべき課題に対する計画も考えていかなければならない。当面の生活を支援する計画と同時に、中・長期的な観点での支援計画も意識的に行っていくことでクライエントの生活支援の全体像が見えてくるのである。

（4）モニタリング後のプランニング

　繰り返し述べられているように、支援過程は一度アセスメントし、プランニングし、実施すれば終わりというものではない。何度も支援過程を循環し、最終ゴールをめざすものである。プランニング、インターベンション、モニタリングを経て、再度アセスメントに戻り新たなプランニングを立てていくことになる。その際は前回のプランニングをふまえ、クライエントの現時点での状況やニーズに沿ったプランニングが必要となってくる。前回からステップアップすることもあるだろう。前回のプランニングに無理があったり予定どおり進展せず軌道修正を要したりすることもあるだろう。クライエントの状況やクライエントを取り巻く状況が変化したことで支援の方向性に変更を余儀なくされることもあるだろう。いずれにせよ、クライエントの生活は日々流れている。一度プランニングしたからといって変更しないでそのまま押しとおすのではなく、状況に応じて柔軟に修正していくことが肝要である。

（5）カンファレンス（支援計画会議）

1）カンファレンスの重要性
　プランニングは、介護保険制度では介護支援専門員、障害者総合支援法では相談支援専門員によるサービス等利用計画やサービス管理責任者、児童発達支援管理責任者による個別支援計画といった一定の資格を有する者の責任のもと作成されることになっているが、決して単独で行うものではない。クライエント本人、家族はもちろん、福祉サービス事業提供者等支援にかかわる関係者も

＊7　支援計画会議、個別支援会議などと呼ばれたりする。援助計画会議では、あらかじめ担当ワーカーが原案を作成し、関係者がそれをもとに議論し、プランニングを行うことになる。

＊8　利用者の地域生活を支援するにあたっては、多様な関係者が個別にかかわるのではなく、連携を保ちながら総合的な支援が不可欠となる。利用者を取り巻く各専門職や非専門職同士のネットワークづくりをとおして形成されるもので、いわば関係者がひとつのチームを形成し支援を展開していく。これをチームアプローチといい、関係者の結びつけ役を担っているのがソーシャルワーカーである。

＊9　プランニングの案が作成されると、利用者や家族にその内容について合意を得る必要がある。支援目標の内容、具体的な支援計画の内容、費用などについてクライエントや家族が納得したうえで支援が展開されなければならない。支援提供者、クライエントや家族の双方の合意を確認することで契約が成り立っていくのである。クライエントや家族の状況が変化したり考えが変わった場合でも、プランニングの変更を申し出ることが可能であることも含め、クライエントや家族が理解できる方法で説明し了承を得る必要がある。

含めて作成されるものである。その検討の場が、支援計画作成のためのカンファレンスである。支援計画は、クライエントを最もよく知る担当ワーカーがアセスメントをもとに原案を作成し、関係者の合意の下に作成されることとなる。そして、その合意の下に支援が展開されるのである。そのために、カンファレンス＊7は極めて重要なものとなる。

　カンファレンスでは、参加者がそれぞれの立場で発言することとなるが、当然ものの見方やとらえ方が異なってくる。意見の相違も見られる。それぞれの立場からの意見をもとに、参加者がクライエントについての理解を深め、新たな気づきをとおして視野を広め、チームとしての支援を模索していくのである。そのコーディネート役を担っているのがソーシャルワーカーである。

　地域で生活しているクライエントの場合、クライエントの支援に関係している医療機関、行政、ヘルパー派遣事業所やデイサービスセンターなど関係機関や団体との連絡調整のもと、ソーシャルワーカーがコーディネーター役となってカンファレンスを開催することになろう。また福祉サービスを提供している特別養護老人ホーム内でカンファレンスを開催する場合は、担当職員、ユニットの職員、栄養士、看護師、介護支援専門員、相談員といったメンバーが参加する。むろん、必要に応じて他の職種も参画することも想定される。いわゆる多職種協働であり、クライエントを取り巻くチームアプローチ＊8である。

2）クライエント本人、家族の参加

　カンファレンスを開催するにあたって、クライエント本人や家族が参加し、当事者としての想いや家族としての想いを主張できる形態が理想的といえよう。可能な限り、クライエントや家族が参加できる体制を整えることが重要である。本人や家族がカンファレンスに参加する際、当事者である本人の想いを十分表現できるよう最大限配慮すべきである。関係者だけで物事を進めてしまったり、家族の想いが本人の想いにすり替えられたりすることのないよう留意しなければならない。クライエントの立場で考えるならば、自分自身の話をしているのに当の本人の想いを度外視して関係者だけで物事を進められるのは辛いことであろう。

　一方、クライエントや家族がカンファレンスに参加できない場合もあるだろう。このような場合でも、事前に担当ワーカーが本人や家族の意向を確認し、極力意向をふまえた支援目標・計画の案を作成し、カンファレンスの場で代弁することも必要となる。そして、担当ワーカーは、カンファレンス終了後にクライエントおよび家族に支援目標や計画の内容について責任をもって説明し了承を得なければならない＊9。

　ところがなかには、言語での意思表明の困難なクライエントもいる。そのような場合は、クライエントの生活状況を総合的に勘案し、本人にとって最も適切と考えられる生活のあり方を模索し、支援目標や計画を議論すべきであろう。その意味では、担当ワーカーをはじめカンファレンスの参加者は、クライエントの代弁者、権利擁護者としての役割を果たしていくことになる。このような場合、本来であれば成年後見制度を活用し、後見人に了承を得ることになる。

3）アセスメントのカンファレンスとモニタリングのカンファレンス

　カンファレンスは、支援の初期に行うアセスメントを主体としたカンファレンスと、支援の展開過程でモニタリングを主体としたカンファレンスに大別できる（表4－2）。支援の初期はアセスメントを行いながらプランニングのためのカンファレンスを開催することとなる。そして、支援の展開過程をとおしてモニタリングを行いながら、クライエントやクライエントを取り巻く環境の現状をふまえ再度アセスメントを行いつつ、新たなプランニングのためのカンファレンスを開催することになる。このようにカンファレンスは、支援の展開過程のなかで単にプランニングの場としてだけでなく、アセスメントやモニタリングの場としても重要な意味が含まれている。

表4－2　支援目標および計画作成に際してのポイント

支援目標	支援計画
・あいまいな表現を用いず具体的な表現にする ・肯定的な表現を用いる ・実行可能な内容にする ・利用者のニーズに合致した内容にする ・関係者の同意を得た内容にする ・可能なものについては数値目標を設定する	・支援の方針を確認する ・役割分担を明確にする 　①いつ（までに） 　②誰が 　③どこで 　④どのような目的で 　⑤誰に対して（あるいは何に対して）、 　⑥なにを 　⑦どのように 　⑧どの程度 　⑨どれくらいの費用で実施するか。
・利用者とともに作成することが基本 ・利用者の「生活」に焦点を当てた目標や計画 ・緊急性や重要性を考慮したうえで優先順位を明確にした目標や計画 ・評価（モニタリングを含む）を念頭に入れた目標や計画	

出典　津田耕一『利用者支援の実践研究―福祉職員の実践力向上を目指して』久美　2008年　p.166を一部改変

【学びの確認】

①アセスメントでは、どのような情報を収集することが必要でしょうか。

②アセスメントを実施する際に、ソーシャルワーカーは、クライエントに対してどのような態度が求められるのでしょうか。

③プランニングにおける支援目標と支援計画の関係を整理してみましょう。

④アセスメントとプランニングは、支援過程において、どのような役割を果たしているのでしょうか。

【引用文献】

1）C. ジャーメインほか編、小島蓉子編訳『エコロジカル・ソーシャルワーク』学苑社 1992年 pp.106-107

2）太田義弘・秋山薊二編『ジェネラル・ソーシャルワーク―社会福祉援助技術総論―』光生館 1999年 pp.57-58

3）L. C. ジョンソン、S. J. ヤンカ著、山辺朗子・岩間伸之訳『ジェネラリスト・ソーシャルワーク』ミネルヴァ書房 2004年 p.394

4）白澤政和・尾崎新・芝野松次郎編『社会福祉援助方法』有斐閣 1999年 p.146

【参考文献】

塙和明・西舘有沙編『社会福祉援助技術論』文化書房博文社 2005年

川村匡由編『社会福祉援助技術』ミネルヴァ書房 2003年

黒木保博・山辺朗子・倉石哲也編著『福祉キーワードシリーズ ソーシャルワーク』中央法規出版 2002年

副田あけみ『社会福祉援助技術論―ジェネラリスト・アプローチの視点から―』誠信書房 2005年

小林芳郎監、杉本敏夫編『社会福祉援助技術論』保育出版社 2004年

谷口泰史・松本英孝・高間満・相澤譲治編『社会福祉援助技術論』久美 2005年

北島英治・副田あけみ・高橋重宏・渡部律子編『ソーシャルワーク実践の基礎理論』有斐閣 2002年

第5章 | ソーシャルワークの過程3 —支援の実施から終結、 事後評価まで

【学びの目標】

　ソーシャルワークの過程では、アセスメントをもとにプランニングを行い、プランニングに基づいて支援が実施される。そして、その支援の実施に対して、クライエントや家族に支援が適切に展開されているかどうかを見極めるためのモニタリングが行われ、効果測定・評価を経てケースの終結となる。

　本章では、ソーシャルワークの過程において支援の実施からモニタリング、そして効果測定までの内容について説明する。

① 「支援の実施」の意味およびその内容を理解し、ソーシャルワーカーの役割について学習する。

② 「モニタリング」の意味を理解し、その視点を知る。

③ 「効果測定・評価」の具体的な方法や統計手法について理解する。

1．支援の実施

（1）支援の実施とは

1）支援の実施の意味

　支援計画が作成され、クライエントや関係者の間で了承されると、その計画に基づいて実際に支援が展開されていくことになる。ソーシャルワーカーは、専門的な立場から一定の目的をもってさまざまな役割を担いながらクライエントの生活を支援する。

　支援の実施は、クライエントとクライエントを取り巻く環境との絶え間ない交互作用[*1]を調和すべく、その両側面を意識しつつ両者の交じり合うところ（接触面）の調整を行っていくことといえる[1]。決して、クライエント側に問題を求め、クライエントの発達、成長や変化だけを要求するのではない。

*1　人間と環境との絶え間ない相互関係を織りなすなかで、人間は環境に適応し、成長、発展してきながら環境との調和を図っていくのである。

2）支援の実施の内容

　旧来の社会福祉援助は、処遇と呼ばれ、クライエントへの指導、教育、訓練、保護といったことが主流となっていた。クライエントに何か欠けているところや不十分なところがあるため、自立した生活が営めない、よってクライエントを処遇することでクライエント自身の問題を克服し、それによって社会参加し、自立した生活を営むことができるようになる、という考えである。それができない人については施設などで保護してきた。しかし、クライエントの指導、教育、訓練、保護といった処遇だけでは一向に問題が解決、改善しないことが明らかとなった。

　下肢機能障害のある人を例に考えてみよう。確かに、機能回復訓練によって下肢機能の維持・向上に努めることは重要である。訓練によって機能が向上すれば、自らできることや活動範囲が広がり、社会参加へとつながるかもしれない。また、現在の機能を維持することで活動範囲を狭めないようにすることも重要である。しかし、医学的に限界もあるだろう。さらに訓練のみに焦点化すると、心身機能が回復、向上しない場合、その人は一生涯訓練のために生きていくことになってしまう。

　また、クライエントに対する働きかけをいくら行ったとしても、クライエントを取り巻く環境がクライエントを受け入れる状況になっていなければ、クライエントは環境にうまく適合できず、円滑な生活を営むことはできない。

　社会福祉は、人々の生活を中心に考える。よりよい生活を営むために機能回復訓練を行うこともある。しかし、訓練のために生きているのではない。限界状態にある心身機能の状態のままでもその人らしいよりよい生活、すなわち自立した生活をいかに支援していくのかが本来のソーシャルワークなのである。そもそもソーシャルワークの"ソーシャル"を考えるならば、社会との関係性のなかで支援を考えていかなければならない。

　下肢障害のある人が下肢機能障害の状態のままでも生活できる環境を整え、本人が環境に適合し、環境との調和を図っていくことができるように支援する実践がソーシャルワークでいう支援の実施なのである。そのためには、クライエントの相談に乗ったり、クライエントの可能性や生きる意欲を見出したり、スキル・アップのための訓練*2が必要となるかもしれない。

　一方で、クライエントが自ら考え行動できるよう情報提供を行ったり、生活しやすいよう住宅改修を行ったり、車椅子や杖などの補装具を提供したり、クライエントの生活に必要な専門機関や団体、あるいは近隣住民やボランティア団体などとの連絡調整を行ったりする。さらに必要であれば、介助者を派遣したりするなどサービス利用を代行したり、クライエントの有する権利を代弁し

*2　利用者の活動範囲を広げるための心身機能の維持・向上のための訓練、どのような支援を必要とするのかを表現できるような自己主張のための訓練、困ったときに相談を求めたり利用可能な社会資源を知って活用できるようなるための術を身につける訓練、自分自身の生活をコントロールできるような生活訓練などが考えられる。

たりするなど、クライエントが生活しやすい環境づくりを行っていく必要がある。

　場合によっては、周囲の人々に障害に関する理解を促したり支援の協力を求めたり、段差のないスロープの敷設や車椅子が自由に通れるスペースの確保、エレベーターの設置を要求するなどの街づくり運動を行ったり、社会福祉に関する制度の創設や改善を要求するなどして行政に働きかけたりすることもある。これらの運動や働きかけが実を結び環境が整備されると、かかわっている本人のみならず、多くの下肢障害のある人すべての生活改善につながっていくのである。

　整備されるべき環境は、特定の人々に共通するものもあれば、一人ひとり異なっている場合もある。知的障害者や認知症高齢者からすると、自分自身でものごとを十分理解できなかったり、正しく判断したりすることが困難な場合がある。そのような場合、本人にわかるように説明してもらえる環境が必要であったり、場合によっては代弁者となって本人を擁護してもらえる環境が必要となってきたりする。そうなると、本人が理解できるよう説明したり、本人の立場に立って本人の利益を主張できる代弁者を見出したりすることが支援の課題となる。

　これらの支援は、一人のソーシャルワーカーですべてなし得るものでは決してない。上述のように、クライエントを取り巻く支援者が協力しながら、それぞれの役割を果たしていくことによって実現されるのである。ソーシャルワーカーに必要なのは、チームアプローチの形成やクライエントを取り巻く支援者とクライエントとの結びつけといったコーディネーターとしての役割なのである。

（2）ソーシャルワーカーの活動と役割

1）ソーシャルワーカーの活動

　支援の内容は、実に多様である。ソーシャルワーカーの活動内容は、単に相談援助や連絡調整に限定されるのではなく、多岐にわたっている[2]。①クライエントや家族の相談対応、②クライエントや家族の心理的なサポート、③クライエントの秘めた可能性や潜在性の発掘によるパワーの増強、④パワーの増強や適切な情報提供をもとにクライエントが意思表明や自己主張できるような支援、⑤対人関係、社会性、生活習慣、生活技能、学習力、身体機能、職業能力などさまざまなスキルの向上、⑥必要なサービスの紹介や情報提供、⑦クライエントと必要なサービスとの結びつけ（同行や代行を含む）、⑧身体介護、家

事援助や外出介助、家庭訪問などの見守り活動、補装具などの介護用品、医療サービス、住宅改修、生活保護などの経済保障といった具体的サービスの提供、⑨クライエントを取り巻く関係者の理解の促進、⑩関係機関、団体との連絡調整、⑪福祉、医療、保健などの機関、団体、人を含めたネットワークづくり、⑫サービスの改善、開発への働きかけ、⑬クライエントの意思や権利の擁護や代弁（アドボカシー）、以上の活動内容に整理できる。

　これらの活動内容を整理すると、①クライエントに直接働きかける活動、②クライエントを取り巻く環境に働きかける活動、③両者を結びつける活動に集約できる。このように、さまざまな環境との関係の調整を意図した支援活動が展開されることとなる。

　なお、相談機関と実際に福祉サービスを提供する施設・事業所によってソーシャルワーカーの活動内容は大きく異なってくる。わが国の高齢者福祉や障害者福祉の制度に見られるように、多くの福祉サービス提供の仕組みは、相談機関で相談が開始され、支援計画に基づいて実際に福祉サービスを提供する施設・事業所につないでいく仕組みとなっている。相談機関は特に相談業務や連絡調整、さらに結び付けるといった活動が重視されるといえよう。

2）ソーシャルワーカーの役割

　以上のような活動内容から、ソーシャルワーカーは、訓練者、助言者、指導者、教育者、促進者、相談者、調停者、調整者、資源提供者、資源開発者、協働者、代弁者など多様な役割を担っている[3]。ソーシャルワーカーの役割は、クライエントの状況や支援の内容によって異なってくる。同じクライエントでもその置かれている状況によっても変化してくるであろう。

　例えば、知的障害のある利用者の生活を支援するとしよう。支援が開始されたころ、自らの意思を表明できるようソーシャル・スキル・トレーニングが必要であったり、判断に迷うときは適切な情報提供や助言が必要であったり、あるいは本人の代理人として対外的な交渉や代行が必要であったりする。いわば、ソーシャルワーカーは訓練者、助言者、指導者、代弁者としての役割が大きい。一方、本人の意思を引き出す支援を繰り返し行っていくことをとおして、本人が自ら主体的な生活を考えるようになったとしよう。そうすると、本人主体のもと、相談者、資源提供者、協働者といった役割へと比重が移っていくであろう。このように、支援全体を見据えながらもソーシャルワーカーは、必要に応じた役割を担い、柔軟に活動を展開していくことになる。

（3）支援を実施していくうえでの留意点

1）状況に応じた柔軟な支援の実施

　支援の実施は、支援全体の一つの過程であることから、支援の実施を行えば完結する、というものではない。支援を展開していくなかでモニタリングを意識したり、クライエントの状況や取り巻く環境の変化についてさらにアセスメントしたりする視点も同時にもち合わせていなければならない。支援全体に目を配りながら支援の流れをスムーズに展開していくのである。援助の内容やソーシャルワーカーの活動、果たすべき役割も状況によって大きく変化する。必要に応じて柔軟に支援の内容を変更することもある。

2）ソーシャルワーカーの想いとクライエントの想いが異なるとき

　ソーシャルワーカーが専門職としてクライエントの生活を考えたあるべき姿とクライエント自身が抱いている生活像とが異なっている場合がある。このようなとき、クライエントの意向を最大限尊重することが大原則となる。決してソーシャルワーカーの価値観だけで物事を考えクライエントに押しつけるようなことがあってはならない。クライエントの生活はクライエント自身のものだからである。

　ところが、クライエントの意向を尊重することで本人に多大な不利益を被る[*3]ことが明らかであるような場合や非社会的・反社会的[*4]な行為を遂行するような場合はこの限りではない。このような場合は、じっくりと時間をかけ、クライエントに適切な情報を提供し、クライエントが理解できるような方法を駆使してデメリットも含めて説明し、クライエントが納得のいく判断ができるよう歩調合わせを行っていく。ソーシャルワーカーが一方的にあるべき姿を押しつけるのではなく、逆にクライエントが判断したことだからと放任状態にするのでもない。あくまでもクライエントの利益を最優先し、クライエントの自立生活はどうあるべきかを念頭に置いた支援を展開することを心がけなければならない。

> *3　不必要に高価なものを購入しようとしている場合、土地などの財産を不必要に他人に譲渡しようとしたり法外に安価で売却しようとしている場合、他者に金品を搾取されようとしている場合など、見過ごすことのできない判断を利用者が行っている場合があげられる。
>
> *4　法に触れる行為や道徳上許されない行為を行おうとしている場合などがあげられる。

3）ソーシャルワーカーの立ち位置

　ソーシャルワーカーが支援を展開していく過程で抱える悩みの一つにソーシャルワーカーの立ち位置はどこで、どこまで介入すればよいのか、といったことがある。ソーシャルワーカーの活動内容や役割については、前述のとおりであるが、実際クライエントや関係者とかかわっていくなかでどのような役割を担っていけばよいのか、また、どこまで介入していけばよいのか、悩むとこ

ろである。

　支援の渦中にいると、目先の問題に惑わされ、クライエントとどのような関係のもと、どのような役割を果たしていけばよいのかが見えにくくなる。一方で介入の度合いも、深くかかわりすぎるとソーシャルワーカーとしての冷静な判断ができなくなってクライエントの生活に巻き込まれる形となってしまう。そうなると、専門的観点での支援ができなくなる恐れがある。ソーシャルワーカーが独りよがりで物事を進めてしまい本質を見失ってしまったり、関係者とのチームアプローチに支障をきたしたり、クライエント主体ではなくソーシャルワーカー主導で物事を進めてしまったりもする。また、クライエントの問題を抱え込むことでソーシャルワーカー自身がストレスを感じ、バーンアウトにつながる恐れもある。逆に、かかわりが少なすぎると重要な問題を見過ごしてしまい、手遅れになることもある。いずれにせよクライエントや家族、関係者から不信感を抱かれ、支援がうまく機能しなくなる危険性もはらんでいる。

　このような事態を極力避けるために、適切なスーパービジョンを受けたり、部署内・チーム内のカンファレンスや事例検討会を積極的に行ったりするなど、ソーシャルワーカーを支える仕組みづくりが不可欠である。

2．モニタリング・効果測定・アフターケア

（1）ソーシャルワークの支援過程における位置づけ

　ここではソーシャルワークの過程における、モニタリングから効果測定・評価、アフターケアについて説明する。その際、これらの支援過程がどのような位置づけにあるのかを、PDCAサイクルとの対比で考えてみたい。

　PDCAサイクルとは、製造業や建設業などで、生産管理や品質管理をスムーズに行っていくために提唱された考え方である。現在、この考え方は生産管理や品質管理にとどまらず、さまざまな分野で用いられるようになっており、仕事を円滑に進めるための一般的なモデルと考えられるようになっている。PDCAサイクルは、次の4つの段階をつなぎ、より一層の仕事の改善を図っていこうとするものである。

①Plan（P：計画）：従来の実績をはじめとするさまざまなデータ等をもとにして、業務計画を作成する段階。

②Do（D：実施）：計画に沿って業務を行う段階。

③Check（C：評価）：業務を実施した効果を測定し、業務全体を評価する段階。

①Action（A：改善）：評価に基づいて、改善を行う段階。

　これをソーシャルワークの過程と対比させながら考えてみると、「アセスメント」や「プランニング」は、PDCAサイクルでいうと「Plan」の段階にあたるものといえよう。クライエントがどのような問題を抱えているのか、どのような支援が必要なのか。これらの情報を収集し、分析し、支援のあり方を考えていく。こうしたアセスメントに基づき支援計画を策定するという段階は、業務計画を作成する「Plan」に相当する。次に策定された支援計画に基づいて実際に支援を実施していく段階は、PDCAサイクルの「Do」にあたる。実際に業務を実施していく段階となろう。

　そして本節で取りあげる「モニタリング」や「効果測定・評価」は、介入や支援が適切に展開されているのかどうかをチェックするもので、PDCAサイクルの「Check」に相当するだろう。この段階は、業務が滞りなく行われているか、業務を実施した効果はどの程度だったのか、業務全体の改善点はどこか等を検討するものとなる。さらに「アフターケア」は、チェックされたものに基づいて介入や支援の改善を行っていく「Action」の段階といえる。

　以下では、「Check」「Action」に相当する、「モニタリング」「効果測定・評価」「アフターケア」について述べていく。

（2）モニタリングとは

　「モニタリング」は、介入や支援の中間段階で行われる評価のことである。介入や支援がどの程度進捗しているのか、うまくいかない点・やりにくい点はないか、クライエントはどのような状態にいるのか、これらをチェックするのがこの段階である。

　例えば、次のような状況を考えてみよう。ある医療ソーシャルワーカー（MSW）が入院時からクライエントや家族と面接を行ってきた。もうすぐ病院を退院するという頃、医療ソーシャルワーカーは、クライエントや家族のために「特別養護老人ホームなどの介護施設に入所する」「サービス付き高齢者住宅へ入居する」「在宅で自宅療養を開始する」等の選択肢を示し、それぞれのサービス内容について説明を行った。その結果、クライエントや家族は最終的に自宅療養を選択したため、医療ソーシャルワーカーは、居宅介護支援事業者のケアマネジャーに支援を引き継いだ。自宅療養を開始してみると、家族の介護にクライエントは不安を感じることが多くなり、家族も介護の疲れを感じるようになった。

　このようなとき、医療ソーシャルワーカーからの支援計画を引き継いだケア

マネジャーは、継続的にクライエントの自宅に訪問などを行い、退院後の彼らの生活を聞き取り、クライエントがどういう状態なのかを適切に観察し、必要があれば医療ソーシャルワーカーと情報を共有していくことになる。これが「モニタリング」である。

　「モニタリング」は中間評価であるため、もし、そこで問題が見つかれば再度アセスメントを行い、支援計画を練り直し、サービスの内容や種類、量を修正・変更することもある。逆に、最初に目標としていたことがすでに達成されているのに、ずっと同じ介入や支援を行っていても、あまり意味がない。そうした場合も「モニタリング」をしっかりと展開していくことで、クライエントの状態を把握し、必要に応じて新たな介入・支援への移行を検討できる。

　さらに、「モニタリング」の段階において忘れてはならないのは、アドボカシーの視点である。クライエントや家族は支援の内容に対し、自分の置かれている状況を正確に言葉にして表現できない場合もある。体調や境遇、感じている不安など自分の思いを適切に発信できないということも少なくない。支援をしている人に遠慮して、言いたいことも言わないままでいることさえある。「モニタリング」を行う際、ソーシャルワーカーはこのことに気をつけておくべきである。クライエントやその家族をエンパワメントできるような支援をめざすため、その思いやニーズを代弁・擁護するアドボカシーの実現が大切である。

　まとめると「モニタリング」は、以下のような点に注意しながらチェックしていくとよいだろう[4)]。

①これまで、どのような支援が展開されてきたのか。

②支援は計画どおりに実施されているのか。

③実施されていないとすれば、それはなぜか。

④実施された支援の内容は適切か。

⑤まだなお同じ支援の内容を展開していく必要があるのか。

⑥クライエントや家族の状態に変化が見られたか。

⑦クライエントや家族の状態に変化が見られたとして、エンパワメントを生かした新たな介入や支援を考えていく必要があるか。

（3）効果測定・評価とは

　「モニタリング」が中間評価であるのに対して、「効果測定・評価」は支援の終結に向けた評価の段階である。これまで展開されてきた介入・支援の全体をふり返り、クライエントや家族の置かれている状況にどれくらい改善が見られたのかを評価し、支援過程の終結について判定するのがこの段階である。「ワー

カー、クライエント、そして関係者の間で評価基準に照らして、ケース目標が達成されたという合意が得られれば、終結と判断してよいことになる」[5]。この段階では、介入や支援の内容と経過について整理したうえで次の2点について評価を行っていく[6]。

①介入や支援の結果、クライエントや家族の置かれている状況はどれくらい変化し、どれくらい問題が改善されたのか。

②介入や支援の内容は適切なものであったのか。

　これらを評価する際には、そのデータ収集方法と分析方法に関して、できるだけしっかりとしたものに基づいて行っていくことが何よりも大切となるだろう。そうでなければ、評価そのものが信頼の置けないものになってしまうからである。そのために実験計画法、シングル・システム・デザイン、さらに社会調査（サーベイ・リサーチ）、質的調査法などの方法が用いられている。これらの方法については、次節で説明する。

（4）アフターケアとは

　「モニタリング」によって支援目標が達成されたという合意が得られ、介入や支援が終結しても、その後、フォローアップを行い追跡調査を実施すべきであろう。ソーシャルワーカーが直接かかわっているときには問題が改善されたように見えても、ソーシャルワーカーがいなくなると元に戻っているという場合もあり、問題の再発がないかどうかを一定期間はチェックしていかなければならないからである。

　子ども虐待のケースの場合でも、ソーシャルワーカーがかかわらなくなると再発しているケースは多く存在している。これをそのままにし、フォローアップしないと、最悪の結果をまねいてしまうことさえある。そのため、この「アフターケア」の段階はとても大切なものだといえる。

　もし、問題が再発していれば、「効果測定・評価」で得られたデータをもとに、改善点を明確にし、再度アセスメントを行い、プランニングを行い、介入・支援を実施し直す。「アフターケア」を行うことで、支援の効果を単に一時的なものに終わらせることなく、継続的・持続的なものにしていくことができるのである。

3．効果測定・評価の方法

　ここでは、効果測定・評価の方法としてどのようなものがあるのかについて説明しよう。

（1）実験計画法

　実験計画法とは、実験群と統制群、2つのグループに分けて介入の効果を測定するものである。実験群とはある特定の介入方法を行うグループであり、統制群とはそうした介入方法を行わないグループのことをいう。

　具体的には、まずクライエントから評価測定に参加してもよいという人を数十名から数百名募集し、これらの人々を実験群と統制群にふり分ける。その際、実験群と統制群は、ある特定の介入方法を試みるかどうかだけが違っており、男女比や年齢構成など介入方法と無関係なものはほぼ同じようにすることが必要である。そのためには、評価する人間の意図や好み、主観といったものが入らないようにすることが大切で、無作為割当*5を行うことが不可欠となる。

　無作為割当によって、実験群と統制群を分けると、2つのグループでは、特定の介入方法を行うかどうかという違いだけがクローズアップされることになる。この2つのグループで介入方法を試みる前と後で、それぞれ数値を測定する。

　その結果、実験群（ある介入を行うグループ）が統制群（ある介入を行わないグループ）に比べて、例えば「抑うつ度」が減少していたとすれば、それは、年齢構成や性別といった他の要因のためではなく、まさに特定の介入方法に効果があったからである。特定の介入方法が原因となって、「抑うつ度」の改善という結果が生じているという事実を明確に把握できる。これが実験計画法の長所である。すなわち実験計画法は、「原因」と「結果」の関係、「因果関係」を特定することにすぐれた評価方法であるといえよう。

　ただし、実験計画法には大きな問題点もある。

　第1に、統制群に割り当てられてしまうと、一定の期間は介入を受けられないということがあげられる。ソーシャルワークにおいては、早急に介入を受けないといけないクライエントが多数存在する。そうした人までが効果測定や評価のために介入を受けられないとすれば、それは本末転倒ということになるだろう。

　第2に、実験計画法は一定規模のクライエント数を測定しなくてはいけないという問題点があげられる。しかし一人のソーシャルワーカーが向き合うこと

＊5　無作為割当とは、コインを投げて表がでればその人を実験群に割り当て、裏がでればその人を統制群に割り当てるといった方法である。表がでる確率も50％、裏がでる確率も50％、どちらになるかは、評価する人間の意図や好み、主観が入り込む余地がない。そうだとすれば年齢構成も、20代のなかで、ある人が実験群に選ばれる確率も50％、統制群に選ばれる確率も50％となる。男女比もそうである。男性のなかで、ある人が実験群に選ばれる確率も50％、統制群に選ばれる確率も50％となる。

ができるクライエントの数は限られており、実験群と統制群に分けることができない場合が多いのである。この問題をクリアするために考案されたものに、次のシングル・システム・デザインがある。

（2）シングル・システム・デザイン

　シングル・システム・デザインとは「単一事例実験計画法」とも訳される。実験計画法のように多人数のクライエントを対象とするのではなく、調査者が一人のクライエントに向き合いながら効果測定や評価を行っていくものである。その場合、クライエントは家族などの集団であってもかまわない。とにかく一人の個人、一つの家族など単一のクライエントに向き合い、支援過程における評価を行っていく方法が、シングル・システム・デザインなのである。これは、1960年代アメリカで浮上してきた方法で、ソーシャルワーク実践の評価方法として広く使用されているものである。

　シングル・システム・デザインは、大きく２つの事柄を明確にするためのものである。
①ある行動に何らかの変化があったのかどうか。
②それは、特定の介入による変化なのかどうか。

　具体的な進め方としてはまず、インテークやアセスメントに入る前にクライエントに特定の介入を行うことを伝え、シングル・システム・デザインを用いて支援過程を評価するための許可を得ておく。

　次にクライエントとよく話し合い、「問題」のどこに焦点を当てデータを得るのかを確定する。例えば子どもの問題行動においても、「自傷行為」に焦点を当てるべきか、「暴言を吐く」という行動に焦点を当てるべきかによって、データは大きく変わってきてしまうため、何をもって「問題」とするのかという「操作的定義」をきちんと行っておかなければならない。

　これらをふまえて、介入前のデータを何度かとるが、これをベースライン（基礎線）として、介入後、これらのデータがどのように変化していくのかを調べる。もしベースラインの時期（ベースライン期）にとったデータと、介入した後（介入期）からとったデータで、大きな違いが生じているとすれば、それは、クライエントに対する介入方法が効果のあったものであるという確率が高いということになるだろう。

　もちろん、ある介入をしたために「問題」が減少したと一度だけではわからない場合もある。子どもが「暴言を吐く」行動をあまりしなくなったとしても、それは、介入によるものではなく、例えば学校での交友関係がたまたま好転し

たからかもしれない。そこで、何度かこうした評価方法を繰り返すことで、本当に介入方法に効果があるのかどうかを見極めていくことも必要になる。こうしたことのためにも、シングル・システム・デザインにはいくつかのバリエーションが生まれているのである。その詳細については、次節で紹介する。

（3）その他の評価方法

　ソーシャルワーク実践の評価においては因果関係を確定することが重要である。ある介入が原因となって、本当に「問題」が減少するという結果が生じているのか。こうしたことを明瞭にしていくことは、ソーシャルワークの支援過程の効果測定・評価において本質的である。

　ただし実験計画法やシングル・システム・デザインは、行動としてはっきりとしたかたちで現れてくるものを測定するのに適した方法である。したがって好きか嫌いか、賛成か反対かなどの態度や、気持ちを測定する場合には、あまり向いていない。

　しかし、ソーシャルワーク実践では、人々の態度・気持ちなど、実験計画法やシングル・システム・デザインのような方法によって因果関係を確定しにくいものについて評価しないといけない場合もある。例えばQOL（Quality of Life：生活の質）などがそれである。QOLが低い、あるいは高いといった感じ方は、人々の気持ちに大きくかかわるもので、実験計画法やシングル・システム・デザインのような方法だけで測定することは難しいだろう。そうした場合には、質問紙を用いた社会福祉調査（質問紙調査）の方法をうまく取り入れることで、効果測定・評価を行っていくことができるようになる。

　さらにソーシャルワーク実践においては、どうしても数値化できないものもある。その場合クライエントの心のひだに分け入って、その部分を核として評価しないと、表面的な効果測定・評価にとどまってしまう。

　実験計画法、シングル・システム・デザイン、質問紙調査といった方法だけでは、心のひだにまで分け入って評価するのは困難であろう。そこで、インタビュー法などをはじめとする質的調査法を用い、数値化できない質的なデータを収集し、そこから心の深層を探ることも重要となる。

　以上のように考えるなら、支援過程の効果測定・評価の方法については、実験計画法やシングル・システム・デザインだけにとどまることなく、質問紙調査、質的調査法などの方法についても検討しながら、より一層、方法の開発・改善を図っていかなくてはならない。

4．シングル・システム・デザインのバリエーション

　前節において説明した評価の方法の一つとして、シングル・システム・デザインをあげたが、これはソーシャルワーク実践において高い使用価値をもった方法である。以下では、平山・武田・藤井[7]を参考に、シングル・システム・デザインのバリエーション（さまざまなかたち）を見ていくことにしよう。

（1）A―Bデザイン

　前節で述べたように、「シングル・システム・デザイン」は、一人のクライエントに焦点を当て、介入前（ベースライン期：基礎線期ともいう）と介入後（介入期：インターベンション期ともいう）のデータを比較するというものである。この場合、ベースライン期を「A」で表し、介入期は「B」をはじめとする、その他のアルファベットで表す。
　シングル・システム・デザインの最も基本的なかたちは、ベースライン期「A」と介入期「B」を比較する「A―Bデザイン」である（図5－1）。「A―Bデザイン」は次のように進められる。

図5－1　A－Bデザインの例

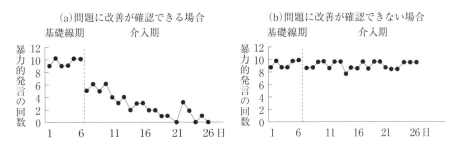

出典　平山尚・武田丈・藤井美和『ソーシャルワーク実践の評価方法－シングル・システム・デザインによる理論と技術－』中央法規出版　2002年　p.175

①ベースライン期に観察された問題は、介入などの影響を受けない限り、その後も同じパターンで起こり続けるはずである。
②これを前提にして、問題がこのパターンで続かないよう計画し介入を行う。
③そして、介入前と介入後の問題のパターンを比較する。
　ベースラインの時期（ベースライン期）にとったデータと、介入した後（介入期）からとったデータで、大きな違いが生じているとすれば、それは、クラ

イエントに対する介入方法が効果のあったものであるという確率が高いということになるだろう。「A―Bデザイン」は、非常にシンプルにシングル・システム・デザインを実施できることに長所がある。シンプルであるため、いろいろな問題や状況や介入手段に対して、応用がきくものとなっている。またその結果についても、比較的シンプルに表現できるため、ソーシャルワーカー、クライエント、福祉機関などが支援・介入を終結させてもよいかどうか、これを用いてじっくりと話し合うことができたりもする。

　しかしながら、この「A―Bデザイン」では、問題の改善が介入によるものと結論づけることが必ずしもできない場合がある。前節でも述べたように、子どもが「暴言を吐く」行動をあまりしなくなったとしても、それは、介入によるものではなく、例えば学校での交友関係がたまたま好転したからかもしれないのである。問題の改善が見られたのは、介入によるものなのか、介入以外の要因によるものなのか特定できない。こうした短所を補おうと、いくつかのバリエーションが考案されてきた。以下では、それらについても見ていくことにしよう。

（2）A―B―Aデザイン

　「A―B―Aデザイン」とは、「A―Bデザイン」のうしろに、もう一つベースライン期を付け加えたデザインである（図5−2）。

　もし問題の改善が介入によって引き起こされたのであれば、介入を中断すれば、再び問題は悪化するはずだろう。この考え方に基づいて、介入後、あえて介入をストップしてみることで効果を明確に特定化しようとするのが、このデザインである。

図5−2　A―B―Aデザインの例

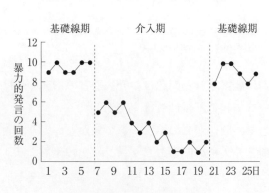

出典　図5−1に同じ　p.177

　ただしソーシャルワークの現場において、このデザインを活用する際には無理も生じる。ソーシャルワーカーは継続的にクライエントの支援を行わなければならないはずなのに、「A—B—Aデザイン」を採用するとすれば、介入によってせっかく効果が上がっているものさえも、あえて中断しなければならない。

　さらにいえば、たとえケースの途中で介入を中断することができたとしても、「持ち越し（キャリーオーバー）効果」ともいうべき問題も生じたりする。具体例を用いていうと、日常生活の習慣が身についていなかったクライエントが介入によって「身だしなみを整える」といったことをできるようになったとしよう。すると、いったん介入を中断しても2度目のベースライン期に問題が悪化するかどうか保証がなくなるであろう。介入の効果が、2度目のベースライン期にまで「持ち越されてしまう」のである。

（3）A—B—A—Bデザイン

　「A—B—Aデザイン」では、あえて介入をストップしなくてはならず、そこにソーシャルワーカーとして倫理上大きな問題があった。

　では、再度、介入を図るとすれば、どうだろうか。倫理的な問題は軽減できないか。そうして考えられたのが、「A—B—A—Bデザイン」である（図5－3）。「A—B—A—Bデザイン」では、最後にもう一度介入を図り、倫理的な問題も軽減しようとする。また、そのことに加えて、もし2度目の介入で問題が1度目の介入期と同様に減少すれば、支援や介入の効果を一層特定化できることにもつながるのではないか。

　しかし「A—B—A—Bデザイン」も、「持ち越し（キャリーオーバー）効果」の問題を解決できてはいない。また期間も長期化し、クライエントに負担を強

図5－3　A—B—A—Bデザインの例

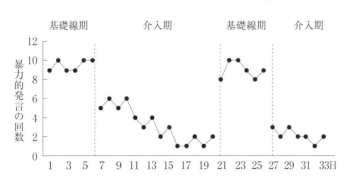

出典　図5－1に同じ　p.178

いることにもなりかねない。そうしたことに、注意をしておくことが大切であろう。

（4）B―A―Bデザイン

ソーシャルワークのケースのなかには、子ども虐待やドメスティック・バイオレンスなど危機介入を必要とする場合がある。これらは少しでも支援や介入が遅れると、クライエントの生命までも危ぶまれてしまうことも少なくない。

その際、ベースライン期からデータをとっているという悠長なことをしていられない。すぐにでも介入をはじめなければならない。そこで考案されたのが「B―A―Bデザイン」である（図5-4）。

このデザインでは、まず介入期のデータをとり、その後ある程度落ち着いてから、介入をストップしベースライン期のデータをとる。その後、問題が再発しないように介入をもう一度行いデータをとりながら、ベースライン期と介入期を比較していくのである。

しかし、このデザインにおいても「A―B―Aデザイン」や「A―B―A―Bデザイン」と同様に効果的な介入を一時的にしろ中断しなければならない。さらに「持ち越し（キャリーオーバー）効果」にも注意を向けなくてはならないのは同じである。

図5-4　B―A―Bデザインの例

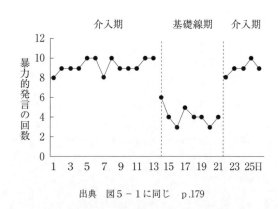

出典　図5-1に同じ　p.179

（5）多層ベースラインデザイン

「多層ベースライン」の基本は、「A―Bデザイン」にある。ただし介入を2つ以上の問題、2人以上のクライエント、2種類以上の状況等で行うという点

で「A—Bデザイン」と異なっている。複数の問題、クライエント、あるいは状況に対して、時間をずらしながら、介入を開始するのである（図5－5）。

　この多層ベースラインデザインは、介入が本当に効果的であるならば、問題の改善は、介入がその問題（あるいはクライエント、状況）を対象に行われた時だけに確認できるはずである。時間をずらして介入を開始すると、すべて介入開始後に状況が改善されていれば、介入の効果を特定できるだろう。

　ただし「多層ベースライン」では、介入の対象となる複数の問題、クライエント、状況が相互に「独立」していなければならない。ある問題が他の問題と相互に「独立」しておらず、密接に結びついていて、一方を解決すると他方も知らず知らずのうちに改善されるようでは、介入による効果を特定化することはできなくなってしまう。

図5－5　多層ベースラインデザインの例

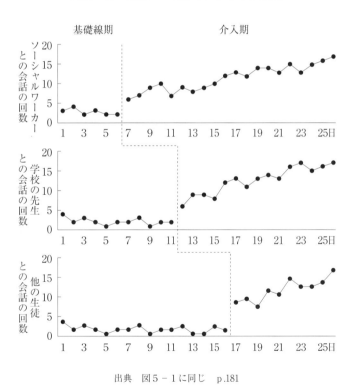

出典　図5－1に同じ　p.181

【学びの確認】

①ソーシャルワークの過程において、「支援の実施」から「モニタリング」「効果測定・評価」がどのようなものか整理してみましょう。

②「モニタリング」を行う際の注意事項を挙げてみましょう。

③「効果測定・評価」の具体的な方法や統計手法について整理してみましょう。

【引用文献】

1）太田義弘・秋山薊二編著『ジェネラル・ソーシャルワーク―社会福祉援助技術総論―』光生館　1999年　pp.59

2）津田耕一『利用者支援の実践研究―福祉職員の実践力向上を目指して―』久美　2008年　p.167

3）前掲書1）　p.167

4）前掲書1）　p.169

5）岡本民夫・小田兼三編『社会福祉援助技術総論』ミネルヴァ書房　1990年　p.120

6）前掲書1）　p.171

7）平山尚・武田丈・藤井美和『ソーシャルワーク実践の評価方法―シングル・システム・デザインによる理論と技術―』中央法規出版　2002年　pp.162-186

【参考文献】

北島英治・副田あけみ・高橋重宏・渡部律子編『ソーシャルワーク実践の基礎理論』有斐閣　2002年

岩田正美・小林良二・中谷陽明・稲葉昭英編『社会福祉研究法―現実世界に迫る14レッスン―』有斐閣　2006年

岡本民夫・小田兼三編『社会福祉援助技術総論』ミネルヴァ書房　1990年

社会福祉士養成講座編集委員会編『相談援助の理論と方法Ⅰ　第3版』中央法規出版　2015年

平山尚・武田丈・呉栽喜・藤井美和・李政元共著『ソーシャルワーカーのための社会福祉調査法』ミネルヴァ書房　2003年

第6章 ソーシャルワークの記録

【学びの目標】

「記録さえなければ、実習そのものは楽しいのに」「本来は、今日中にまとめなければならないけど、明日、出勤してまとめることにしよう」「文章を書くことが苦手で、どのように書けばよいのかがわからない」などの声は、実習生や現場の専門職の間でもよく聞かれる言葉である。

しかし、実習生の実習記録をはじめ、専門職も面接時の記録や日々のクライエントへの支援記録、ケアカンファレンスの会議記録など、さまざまな場面で、記録作成は求められる。

ここに「記録は誰のために書くのか」「何のために記録を書くのか」を考え、理解する意義がある。それは、記録の意味や適切な書き方の必要性が見えると同時に、記録作成が単なる作業ではないことも理解できるものといえる。したがって、本章では、記録を書く意味と目的、記録の種類、そして、記録の実際の書き方や留意点について学習する。

① 記録の意味と目的を理解する。
② ジェノグラムやエコマップの書き方とその活用方法について学習する。
③ 適切な記録の書き方について学習する。

1．記録の意味と目的

（1）記録の意味

ソーシャルワークにおける記録作成は、これまでも重要な職務の一つに位置づけられていたが、これからはさらに重要視されてくるものといえる。なぜならば、多様化かつ複雑化してきているクライエントの環境や地域の現状にともない、ソーシャルワーカーはチームで動くことがより一層増え、連携を図る際に、かかわる人々にも理解できる記録は不可欠な存在だからである。

しかし、記録に関する実践・教育・研究は十分に展開されてきたとは言い難い状況にある。現場のソーシャルワーカーは、多忙な日常業務のなかで目前の課題や支援活動に追われ、記録作成の時間や労力をつくり出すことに困難を要することもある。また記録を苦手に感じている人もいる。それでも記録を作成しなければならないとすれば、記録の必要性や重要性、作成の目的、方法などを十分に理解することによって、記録に対する抵抗感や苦手意識は軽減され、誰が読んでも同じ内容として読み取れる記録作りが期待できる。

　記録の意味は端的にいえば「よりよい援助を行うため」に必要だからであり、逆によりよい記録が援助に反映されるのである。ハミルトン（Hamilton, G.）は、「すぐれたケースワークの知識と技術とによってはじめてよい記録を書くことができるし、またよい記録を書くために努力することをとおしてケースワークの知識と技術は進歩する」[1]と述べており、記録と援助実践の両方ともが必要だと強調している。

　近年、社会福祉サービスの利用の枠組みは措置から契約へと転換し、サービス利用の促進やサービス調整などにあたるソーシャルワーカーには、根拠に基づく実践とともに、アカウンタビリティ（説明責任）を果たすことが期待されている。また、施設・在宅サービスやソーシャルワーク、ケアマネジメントの質を問う第三者評価ならびに自己評価も今後一層進んでいくこととなる。さらに、個人情報保護法の下での個人情報の適切な管理や開示請求に対する適切な対処も必要となってくる。このように、正確な記録をいかに効率的、効果的に作成し実践に生かしていくか、また、いかに適切に管理していくかがソーシャルワーカーに求められている。

（2）記録の目的

　記録の重要性は従来から指摘されているが、社会福祉の現場では業務の多忙さや記録を書く時間が業務として保障されていないこともあり、支援業務に比べて低い位置づけになっていることが多い。しかし、記録が支援に影響を与えることを認識し、記録は何のために書くのか、その目的を十分に理解することが必要である。

　ソーシャルワークにおける記録、特に個別支援記録の目的は、おおよそ次のようにまとめられる。

①支援過程におけるクライエントの問題や状況をふり返ることにより理解が深まり、アセスメントやプランニングなどの支援過程の検証に役立てることができる。

②クライエントとソーシャルワーカーとの人間関係を客観的に見ることができ、ソーシャルワーカー自身の洞察を深め自己覚知に役立つ。

③施設や機関が行った支援や提供したサービス全体を理解することに役立つ。

④記録は公文書とみなされ、業務の円滑な引継ぎのために必要なこともあるが、送致先（リファー）への情報提供の資料として必要となる。

⑤スーパービジョンやケースカンファレンスの資料として役立つだけでなく、支援過程の分析や効果測定などの調査研究資料としても役立てられる。

⑥権利擁護や契約の観点から、なぜこのサービスを提供したのかをクライエントに説明する責任（アカウンタビリティ）が求められる。その際に説明が適切にできるように、資料としての記録の蓄積が必要となる。

　このように、記録はソーシャルワーカーのための備忘録ではなく、今後の対応や支援方針、その内容について、クライエントをはじめ、第三者にも理解してもらうためのものである。したがって「よりよい記録」を書くには、どのようなことに注意を払えばよいのかを理解することが求められる。

（3）記録の種類

　記録の様式は記録の種類に対応した形で決まることが多い。ここでは記録の種類とその様式の内容について述べる。

1）支援記録と運営管理記録

　ソーシャルワークにおける記録とは、ソーシャルワーカーが行う一連の支援活動とそれに関連する事項について記述した文章といえる。

　記録は大別すると、表6-1のように、支援記録と運営管理記録に分けることができる。支援記録には、個別支援記録（個人・家族への支援記録）、集団支援記録（集団への支援記録）、地域支援記録（地域への支援記録）があり、運営管理記録には、会議記録（ケアカンファレンスや委員会などの記録）、業務管理記録（日誌や日報、登録台帳の記録）、教育訓練用記録（事例検討やスーパービジョンのための記録）がある。このように、記録には多様な種類が存在

表6-1　記録の種類

支援記録	運営管理記録
個別支援記録	会議記録
集団支援記録	業務管理記録
地域支援記録	教育訓練用記録

するが、従来から議論されている記録の書き方や目的、方法は、支援記録（ケース記録）を中心に行われてきた。

2）公式記録と非公式記録

　記録の種類は、公式記録と非公式記録とに分けることができる。公式記録は公開された記録として、支援記録や運営管理記録、事例記録、その他に分類できる。非公式記録は公開されない個人的な記録として、援助者による実践記録や当事者による記録などがある。

（4）公式記録

1）支援記録の様式

　支援記録は、従来「処遇記録」とよばれてきた。特にクライエント個人や家族への支援記録は「ケース記録」とよばれてきたものである。しかし現在は、援助の対象がグループや組織、地域社会までを対象とすることから支援という言い方が一般的になってきた。
　支援記録の様式はその内容によって、表6－2のように分けられる。

表6－2　支援記録の様式

①フェイスシート（基本事項用紙）
②アセスメントシート（事前評価用紙）
③プランニングシート（支援計画用紙）
④プロセスシート（支援過程用紙）
⑤モニタリングシート（経過観察用紙）
⑥エバリュエーションシート（事後評価用紙）
⑦クロージングシート（終結時用紙）

（筆者作成）

①フェイスシート

　インテーク面接によって得られた、クライエント個人の名前や年齢、性別、住所、職業、家族構成などの基本的な属性や紹介の経路、主訴などのほか、個人に関するさまざまな情報を記入する（表6－3）。

②アセスメントシート

　クライエントの生活のさまざまな側面や生活環境、解決すべき生活課題（ニーズ）などを記入し、事前評価を行った内容を記入する。

表6-3　児童相談所のフェイスシート例

A児童相談所			記録者：○野○子	
氏名　田中一郎	20XX年9月2日生（14歳）		性別：男	日付：20XY年10月15日
住所　○○市××区5丁目10-3			電話　001-○○-×××	

主訴　中学2年生の長男が不登校になり困っている

相談内容（相談者：田中和子　続柄：母親）

　中学2年生の長男が、2学期に入ってから登校時間になると腹痛を訴え30分くらいトイレから出ない。3日間様子をみていたが治らないので近くの内科医院で診察を受けたが、結果は異常がなく精神的なものではないかと医師から言われた。

　登校ができない状態が続くので、1週間後に担任が家庭訪問をするが、本人は会わないし電話にも出なくなった。原因を聞いても「うるさい」と怒り出し、兄をみて弟も登校を渋る言動があり母親は困っている。父親も本人への対応に苦慮している。

　原因らしきものは、親友のA君が1学期末で転校したことをきっかけに、クラスの男子から「きゅうり星人」「もやし仮面」などとからかわれることが考えられる。しかし、からかいの事実を担任が把握していないことに対して母親は不信感をもつ。その結果、担任との連絡が取りづらいので、今後の対応をどのようにしていけばよいのか困っている。

支援内容（面接でおこなった支援・アセスメント・支援計画などを具体的に記載すること）

初回面接であり、母親の話を傾聴した。

アセスメント：①クラスでのからかいが原因と考えられる不登校である。②きっかけは親友の転校によるクラス内の人間関係の力関係が変化したことによると考えられる。③母親はクラス担任に不信を抱いている。

支援計画：クラス担任と母親の関係修復が必要である。そのために、まずワーカーが担任と連絡を取り、担任の考えやクラスでの様子を聞き情報収集を行う。当面、ワーカーは母親と担任の仲介役を果たすこととする。

家族構成（ジェノグラム）

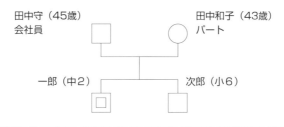

田中守（45歳）　会社員　　　　　田中和子（43歳）　パート

一郎（中2）　　　　次郎（小6）

生活歴（学歴・家族歴・職歴・病歴など）

　本人は○○幼稚園と△△小学校の入学後の一時期に「行き渋り」があったが、不登校になることはなかった。元来性格はおとなしく、友達関係も積極的につくっていくタイプではなかった。しかし、クラスでは孤立することなく話せる友達は数人いる。

　現在、△△中学校2年生。クラス担任：○○先生　　　クラブ活動：美術部

備考：

③プランニングシート

　アセスメント結果をもとに、短期目標・長期目標からなる支援目標とともに支援計画をまとめたものを記入する。

④プロセスシート

　支援過程におけるソーシャルワーカーとクライエントとの相互作用が時間的順序に沿って記録される部分と、定期的または随時に記録される部分からなる。

⑤モニタリングシート

　アセスメントやプランニングの項目ごとについて、定期的、または随時に支援内容やクライエントの変化等を記録する。

⑥エバリュエーションシート

　支援の終結後に支援過程全体をふり返り、アセスメントやプランニング、支援過程、モニタリングなどが適切に実施されたか、目標は達成されたかといった評価を記録する。

⑦クロージングシート

　支援過程全体と終結理由をまとめたものを記入する。

　支援記録は、それぞれの様式が目的をもって作成されている。どの様式を用いるかはその目的によって異なる。実際の支援においては、支援の状況に応じて必要な様式を組み合わせることになる。

2）業務管理記録

　業務管理記録とは、ソーシャルワーカーが所属する部門や機関の運営管理上の目的で作成される記録のことである。業務日誌、日報、月報、年報などの業務内容や支援件数の集約を記録したものである。

　業務管理記録は部門全体の業務分析の資料としても重要な記録となり、担当者の業務を見直す場合の資料にもなる。また、適切な時期に、上司が部下にアドバイスを行えるなど、職場内のコミュニケーションにも役立つ。

　なお業務管理記録は記入することへの負担を最小限にすることが求められる。そのためには必要な項目を作成し、簡潔に記入できるような様式にすることが大切である。

3）事例記録

　事例記録は、事例研究や事例教育への活用を目的に、支援記録をもとに一定の様式に沿って再構成された記録である。事例記録はその用途によって、①業務用、②調査研究用、③訓練用、④教育学習用に分類される。

　個人情報保護の関係上、実習生に詳細な事例を見せることが難しい場合にも、本来の事例により近い事例記録は、実習生の学びをより深める一助にもなる。

4）その他

　その他の記録としては、紹介状や通信文、報告書などがある。

（5）非公式記録

1）実践記録

　ソーシャルワーカーの個人的な記録として作成されるものである。ソーシャルワーカー自身の支援技術を高めるために、支援の実践内容を見直し、自らの支援に気づきを促すことを目的としている。実習や訓練のための実践記録は、教育の側面から推奨される。

　実践記録は本来、個人的に用いられる非公式記録であるが、スーパービジョンや社会的な問題提起などに用いる場合は公式記録となる。なお、個人情報が記載されているため、責任をもって取り扱いや管理をしなければならない。

2）当事者記録

　個人や家族、グループ、組織、地域の構成員が、日記や手記、活動記録や報告書などに思いや実態を記録したものである。当事者の記録は、支援する側とされる側という溝を埋めるために活用することができる。

2．記録の方法と実際

（1）記録の方法

　記録は、面接における支援内容やクライエントの様子などを自由に書きとどめればよいというものではない。記録を書くためには一定の条件があることを理解しなければならない。

①記録は書いたソーシャルワーカー本人だけがわかるというものではなく、誰が読んでもよくわかる客観的なものでなければならない。

②記録を読めばクライエントがどのような人で、どのような主訴をもち、どのような状況にあるかが浮き彫りにされ、支援過程も具体的でよくわかるものでなければならない。

③ ①②に取り組むためには、面接における行動観察を十分に行い、クライエントの表情や態度、しぐさ、話し方、言葉遣い、ソーシャルワーカーへの反応などできるだけ多くの側面を観察することが必要となる。

（2）記録の内容

　記録の内容は、支援の目的によって変わってくるが、その支援が漠然としていれば、記録も同様に漠然としたものになる。また、対象が個人や集団、地域によって記録の書くべき内容は変わってくる。例えばクライエントとの面接であれば、その面接の内容を適切に記録にとどめることが求められる。

　記録における記述については、以下の内容を明らかにする必要がある。

①具体的に困っている問題とは何か。

②その問題がいつ起こり、どのような経過をたどったのか。

③本人や家族あるいは関係する人々がその問題をどのようにとらえているのか。

④本人はその問題をどのように感じているのか。

⑤ソーシャルワーカーはどのような支援を展開しているのか（支援内容）。

⑥支援をとおしてソーシャルワーカーが感じたことは何か（所感）。

⑦クライエントを観察した内容とは何か。

　さらに記録は、支援過程が反映されるような内容であることが必要となる。クライエントとの面接ならば、「インテーク（情報収集）⇒アセスメント⇒プランニング⇒インターベンション⇒モニタリング」という支援のプロセスが、記録から読み取れるように書く必要がある。繰り返すが、このことからも、よい支援とよい記録は表裏一体であることを十分に理解しておかなければならない。

（3）記録の文体

1）文体の種類

　記録は、文体によって次のように分類される（表6−4）。

①叙述体

　叙述体は、基本的な記録の方法であり、できるだけ事実を時間に沿って記録する文体である。記録者の説明や解釈を加えずに、支援過程や事実内容を正確に記録する文体である。

　逐語体は、支援や面接内容をICレコーダーやビデオに録音・録画して、会話のありのままを文章化し、それに加えて観察した様子や声、表情などの状態

表6−4　記録の文体

を記述する文体のことである。

　過程叙述体は、クライエントとソーシャルワーカーのやりとりを時間の流れに沿って動作や行動、感情、態度など細部にわたって記述する文体のことである。

　圧縮叙述体は、支援過程のある部分についてその全体的なやりとりを圧縮し、要点だけを比較的短く記述する文体のことである。

【逐語体による記録例】

Ｗ１	はじめまして、相談員のＢです。Ａさんですね。
Ａ１	はい、Ａです。よろしくお願いします。（緊張した表情）
Ｗ２	今日はどのようなことでご相談ですか？
Ａ２	主人のことなんです。58歳なんですが、躁うつ病で２年前から心療内科のクリニックにかかっているんですが、本人の状態がよくならないし、家族としての接し方もわからないんです。
Ｗ３	どのような様子なのですか？
Ａ３	もともと感情に波がある人だったのですが、１か月前の４月はじめに急に遠方の友だちを助けに行くと言い出し、行き先も言わずに飛び出したんです。空港で飛行機を待っている間にお酒をたくさん飲んだので搭乗拒否をされて、警察に保護されたんです。警察からの連絡で初めてわかったんです。その後の１か月間は躁状態で大変でしたが、次第に落ち着いてきました。こんなことが年に１〜２回はあるんです。特に８月は毎年不安定なんです。本当に困っているんです。（困惑した表情で、視線を落とす）
Ｗ４	お酒もたくさん飲まれるのですね。
Ａ４	はい。大酒飲みの家系で、主人も若いときからたくさん飲んでいました。
Ｗ５	躁状態のときが特に多く飲まれるのですか？
Ａ５	歩けなくなるほど飲んでしまいます。それでも半年前は状態も落ち着いていたので、１週間に４日は禁酒できていました。
Ｗ６	お酒を控えていた時期は、うつ状態だったのでしょうか？
Ａ６	そんなにひどいことはなくって、仕事もできていました。

W7 躁状態のときの多量飲酒や問題行動でお困りなのですね。

A7 どのように接したら良いのか分からなくて・・・。（涙ぐむ、沈黙）
元来、気が小さくて神経質なのです。性格のせいだとばかり考えていました。

W8 今の主治医はどのようにいっているのですか？

A8 それが、主人は初めのうちは、「いい先生だ」といって通院していたのですが、半年で通院しなくなりました。後は、私が様子を説明して薬をもらいに行ってるんです。主治医からはあまり病気の説明もないし、薬を飲むように言われているだけです。あの先生にはちょっと不信感があるんです。一度先生のほうから転院の話がありました。「紹介状を書くから病院を替わってもいいよ」とおっしゃるんです。「家の近くの総合病院の心療内科の先生がいいよ」と近所の人に聞いたんで、できればそちらに替わりたいんです。

W9 そうですか、ご主人の病気のことを詳しく知りたいのですね。それと今の主治医との相性を考えると転院も考えていらっしゃるんですね。

A9 はい。医療費の公費負担の制度も使っているので、病院を替わるときの手続きを教えていただければ助かります。

W10 分かりました。転院に関してご主人の意思が確認できたら、手続きを進めることにしましょう。

A10 ありがとうございます。次はいつ来たらよろしいですか？

W11 ご主人と転院の話をしていただいて了解が取れたらいつでもいいですよ。そのとき電話くださいますか？

A11 そのようにさせてもらいます。では主人と話してみます。（にこやかな明るい表情）

　逐語体では面接がどのように展開されていったのか、そのプロセスがよくわかる。特にクライエントへの客観的な観察の記録だけではなく、ソーシャルワーカーの質問や応答も明らかになり、なぜそのような質問や反応をしたのかをふり返ることにつながる。逐語録（逐語体による記録）をふり返ることにより、ソーシャルワーカーの自己洞察や自己覚知を深めるために活用することができる。一般的に逐語録は、スーパービジョンに提出する面接記録の方法として用いられることが多い。また、近年、電話によるさまざまな相談はその必要性が認められ、相談窓口も増加している。このような電話による対応を記録し対応の方法をふり返るために、逐語録は効果的である。

【過程叙述体の記録例】

　58歳の夫のことで妻が相談のため来所した。夫は元来、躁うつの波があったが、2年前に心療内科を受診した。病状は昨年の11月から3月までは比較的落ち着

いていたが、4月から躁状態に転じ、1か月間は不安定な状態が続く。次第に落ち着いてきたが、このようなことが1年に1～2回はある。特に毎年8月は不安定である。通院状況は、当初、本人自ら受診をしていた。しかし、6か月後から通院しなくなり、妻だけが様子を伝えて薬を出してもらっている。妻は、主治医から適切な病状の説明がないことを受け、次第に不信感を募らせている。主治医からは転院の話もあり、妻は自宅近くの総合病院の心療内科に転院したいとの希望がある。転院の手続きについて相談したい。

【圧縮叙述体の記録例】

58歳の躁うつ病の夫のことで妻が来所した。4月の1か月間は躁状態で多量飲酒もあり問題行動を起こす。現在の主治医には診察を受けておらず、妻が薬を取りに行っている。妻は主治医との相性が悪く、十分に病状などの相談ができていないので転院を考えている。

②要約体

　叙述体ほど忠実ではないが、支援内容や過程を選択し、面接内容のポイントを明確にする文体である。ソーシャルワーカーの考えをとおしてクライエントへのかかわりを整理して要約した記述である。

　項目体は、支援過程を順番に記述するのではなく、事実をテーマごとにまとめ、表題や見出しをつけて整理し記述する文体である。

　支援が長期にわたる場合には支援の効果がわかりにくくなることがあるが、それでもクライエントの生活状況には微妙な変化が生じることがある。そのような変化や動きについて、ある状況またはある時点を抽出して記述する文体のことを抽出体という。

　箇条書は、支援過程や内容の重要な部分を箇条書にし、それを組み合わせて仮説を立てたりするときに用いる文体のことである。

【要約体の記録例】

躁うつ病の夫のことで妻が来所した。躁状態のときの問題行動に困っているが、加えて妻と主治医との関係が悪く、病状や対応を聞けなくて困っている。妻は転院を希望している。

③説明体

　支援過程や面接時に話された事実や事柄について、ソーシャルワーカーとしての解釈や分析、考察結果を説明するために記述する文体のことである。ただし、記録のなかでは事実とソーシャルワーカーの解釈や意見とをはっきり

区別しておく必要がある。

【説明体の記録例】

（事実関係）

　58歳の夫の躁うつ病のことで妻が来所した。躁状態時の夫の問題行動に困っているが、妻はそれを病状ではなく性格ととらえ、病状への理解に乏しいところがある。それは、主治医との相性の悪さのために病状を聞けないことが原因となっている。妻は主治医への不信感から総合病院心療内科への転院を強く希望している。

（所見）

　妻と主治医との関係改善は望めそうもないので転院支援の方向を検討する。

（4）記録作成上の留意点

　ソーシャルワークにおける記録作成上の留意点は、専門職の倫理とともに法律や規則、あるいは所属する機関・施設のガイドラインによって統制されている。特に2017（平成29）年に改正内容が全面施行された「個人情報の保護に関する法律」（個人情報保護法）をふまえ、「個人情報保護ガイドライン」を基礎とした「医療・介護関係事業者における個人情報の適切な取り扱いのためのガイダンス」の規定、「社会福祉士及び介護福祉士法」や「精神保健福祉士法」の秘密保持義務規定、「ソーシャルワーカーの倫理綱領」や「社会福祉士の倫理綱領」による「プライバシーの尊重と秘密の保持」などを理解することが求められる。

　記録の種類や文体などは多岐にわたるが、以下の基本項目を確認しながら作成することが必要である。

1）正確性

①クライエントのニーズ、クライエントの状況、社会資源等、アセスメントデータを正確に記入する。

②クライエントや支援者の言葉、行動および周囲の状況などについて、6W3H（when, where, who, why, what, whom, how, how long, how much）に基づいて記入する。

③主語と述語の関係を明らかにする。

④現状は、それまでの経過の影響を受け、またこれからの方向性によってとらえ方も変わるため、時間軸（過去から現在、そして未来への流れ）を考慮す

る。

⑤俗語、流行語、省略語などは使わない。ただし逐語録の場合はそのまま記載
　する。

⑥ソーシャルワーカーの記録は公的文書として扱われるため、記録内容を後か
　ら書き換えることをしてはいけない。

2）客観性

　客観的事実とソーシャルワーカーの解釈は分けて記述することが必要である。

3）明確性

　記録の種類に基づいて何を書くべきかについて要点を明らかにする。見出し
をつけるなど読みやすくする工夫を行うことは効果的である。

4）迅速性

　記録すべき内容の詳細は忘れやすいため、正確性を保つためにできるだけ早
く記録をしておくことが求められる。

5）秘密保持

　個人情報が保護できるような記録を心がける。特に個人名を記録するときは
イニシャルで表すこともある。

6）伝達性

　記録は、クライエントによりよい支援が行えるように活用しなければならな
い。そのためクライエントに記録の開示を求められた場合、クライエントが理
解できる記録であることが重要である。同時に、他職種や他機関の支援者にも
通じる表現が求められる。

7）文章表現

　「ソーシャルワーカーの倫理綱領」や「社会福祉士の倫理綱領」に示されて
いるように、クライエントから記録の開示の要求があった場合、非開示とすべ
き事由がない限り、記録を開示する必要がある。したがって、クライエントが
不快になるような表現は厳に慎み、日頃から可能な限り事実を書くように努め
ることが大切である。

　たとえば、「本人は、問題にしっかりと向き合おうとしない」という表現で
あれば、「問題について話すと○○といった別の話題が返ってくる」という表

現で記録することが望ましいものといえる。

8）個人情報の取り扱い

収集した個人情報も、今回の事例において必要なものは記録するが、不要な個人情報は安易に記録しないように留意する必要がある。

9）倫理的姿勢

ソーシャルワーカーは、自らの対応について、結果的によかったことだけでなく、よくなかったことも記録するように心がける。

3．図表を用いた記録

図表などのマッピングを用いた記録は、クライエントとクライエントを取り巻く環境との関係を可視的に表現し、援助のプロセスをより有効に進める手段として用いられている。マッピングの利点は、複雑な関係性を一括して可視化することにより全体像をわかりやすくとらえることができる。代表的な図表として、ジェノグラムとエコマップがある。

（1）ジェノグラム

1）ジェノグラムとは

ジェノグラムとは、時間的経過のなかで三世代以上の家族にわたって見られる関係性の特徴や重要なライフイベントを図示したものである。家族に関する複雑な情報を図式化によって集約し表現できる。

例えば、結婚や離婚、死亡、同居・別居などが一目でわかるようになっている。また、年齢や職業を書き加えたり、両者の関係性の程度や良否なども線を活用して図示してみたりすると、家族全体の雰囲気や家族関係のパターン、家族の形そのものが浮き彫りになる。そして、家族内の問題を整理したり、家族にどのような働きかけをすればよいのかなど、今後の支援の方向性を決定する資料としても効果的である。

このように、ジェノグラムを作成することによって、それぞれの家族員間で生じた事柄や家族に特徴的な様式、家系特有のできごとなどが見えてくる。そして、ソーシャルワーカーは、このような情報を、クライエントや家族とのアセスメントをとおして会話のなかで、あるいは、観察のなかで確認することも

大切である。

2）ジェノグラムの記入方法

　では、ここで、あるモデルを用いて、ジェノグラムの例と代表的な表記法（図6－1）を紹介する。なお、ここで紹介している代表的な表記法は一例であることを付記しておく。

【モデル】

　山田一郎さん（仮名：52歳）の家族は、2018（平成30）年に離婚した妻（52歳）と長男（24歳）と長女（22歳）である。長男は、2019（令和元）年に結婚し、妻（26歳）との間に娘（1歳）がおり、母親や妹と一緒に暮らしている。一方、一郎さんは、現在、母親（82歳）と暮らしており、父親は、2013（平成25）年に肺炎のため78歳で他界している。

図6－1　モデルを用いたジェノグラムの例と代表的な表記法

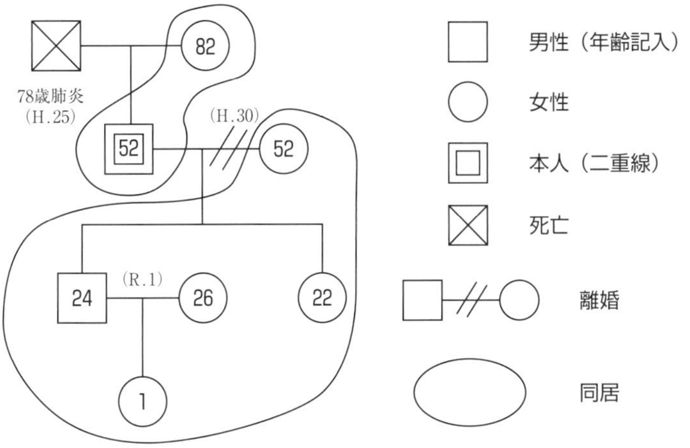

（2）エコマップ

1）エコマップとは

　エコマップは、「生態地図」ともいわれ、本来、生物と環境との関係性や相互作用を明らかにすることに視点を置いた生態学的視点に由来し、1970年代に、ハートマン（Hartman, A.）がソーシャルワークに採り入れたものである。

　エコマップは、問題を抱えるクライエントとクライエントを取り巻く環境や社会資源との関係性を明確に示すことにより、クライエントの置かれている立場や役割、解決すべき問題を把握することも容易になる。

2）エコマップによる効果

エコマップ作成とその活用には、さまざまな効果がある。

第一に、ソーシャルワーカーは、クライエントと家族との関係性だけでなく、クライエントや家族とそれを取り巻く社会資源との関係性も視覚的に理解できることである。

ソーシャルワーカーは、会話のなかから、あるいは、会話を記録しただけでは、それぞれの関係性を把握することは難しいが、紙面の上で図示することにより、一目で把握することができる。また、関係性が判明しない箇所についても見逃さずに確認しやすく、クライエントや家族から必要な追加情報を聞きもらすという事態は回避されやすいものといえる。

第二に、ソーシャルワーカーは、今後の支援の方向性を見出せることである。

エコマップをとおして、クライエントとクライエントを取り巻く環境との関係性が明確になることである。そのため、問題の核心や発生源はどこにあるのか、どのような支援計画を優先順位も含めて立てればよいのか、今回の問題を解決するうえで、プラス面として採用できる関係や社会資源は存在するのかなどについても判断することができる。さらに、クライエントへの支援の重複や不足の箇所も見えるようになり、クライエントのネットワークにおけるコーディネートも実践しやすくなる。

第三に、クライエントがエコマップの作成に参加することにより、自分の家族関係やそのパターンを客観視できることである。

ソーシャルワーカーがアセスメントから得られた内容を用いて、一人でエコマップを作成するだけでなく、必要であれば、クライエントと一緒にエコマップを作成するのもよい。このような作業をとおして、ソーシャルワーカーも正確な情報を確認する機会がもてるだけでなく、クライエントも自分の置かれている立場や状況を再確認し、解決意欲が高まることもある。さらに、そのような過程をとおして、クライエントは、ソーシャルワーカーと対等な関係性を構築しやすくなる効果もある。また、支援実施前と支援実施後のエコマップを一緒に作成し、比較することによって、何がどのように変化してきているのかも相互に理解しやすくなるものといえる。

3）エコマップの記入方法

エコマップの記入方法についても、ジェノグラムと同様に、代表的な書き方を紹介するが、あくまでも一例であることを付記しておく。

所属する機関や施設、事例内容により、ソーシャルワーカーがその表記法を工夫するのももちろんよい。ただし、その表記法については、関係する社会資

源との共通認識を図っておく必要がある。

①クライエントとその家族をジェノグラムの書き方の要領で記入する。

②クライエントとその家族が現在かかわっている、そして将来的にかかわるかもしれない社会資源を周囲に配置する。

③クライエントとその家族が周囲に配置されている社会資源とどのような関係性にあるのか、その強弱や方向性などを線の種類や矢印などを活用して図示する。

なお、エコマップの記入に関する留意点としては、ソーシャルワーカーが独自に判断して作成するだけでなく、クライエントや家族、連携を図るその他の社会資源からの情報も含めて作成することが大切である。また現在、かかわっている社会資源のみをクライエントや家族の周囲に配置するだけでは、広がりのあるネットワークを構築することが困難になる。そのため、本来、活用できる社会資源をすべて事前に周囲に配置しておき、クライエントや家族とのアセスメントをとおして結ぶことができるのかどうかを検討したほうが、欠けている社会資源を発見しやすくなるものといえる。

4）エコマップを活用した事例と考察

ここでは、事例を用いて、エコマップの例と代表的な表記法（図6－2）を紹介する。

【事例の概要】

川中次郎さん（仮名：76歳）は、2014（平成26）年に妻（68歳）が心筋梗塞で他界して以来、独居である。隣町に、45歳の長男が一人で暮らしているが、次郎さんが過去に家族への暴力などをたびたび行っていたことからも、ほぼ絶縁関係になっている。

先日、次郎さんに夕食を届けてくれている近隣の田中さんから、居宅介護支援事業所に連絡が入り、次郎さんがたびたび火をつけっぱなしにするため、お鍋や衣服の袖を焦がすことが増えてきたことや、散歩に出かけると、夜になっても帰って来ない日が続くようになったという内容であった。

居宅介護支援事業所のケアマネジャーの佐藤さんは、唯一の家族である長男に連絡を行い、次郎さんの生活について検討したほうがいいのではないかという旨を伝えた。

長男は、当初、次郎さんのことを「あいつのことは知りません」と話していたが、近隣の方々に迷惑がかかっていることもわかり、ケアマネジャーの佐藤さんと一緒に久しぶりに実家へ戻り、次郎さんや近隣の田中さんも交えて面接することが実現できた。

面接後、次郎さんに近所の医療機関で診察を受けてもらったところ、「アルツハイマー型認知症」と診断された。その後、介護保険の申請を行い、要介護1の判定を受けた。

　また、面接を重ねていくうちに、次郎さんが生活をするうえでの当面の課題としては、食事などの家事の面と、楽しみにしている散歩から自宅までの帰り道がわからなくなってしまうことであると判断できた。そのため、毎昼食時間前に、訪問介護サービスを入れ、次郎さんと一緒に食材を買いに行ったり、昼食をつくったり、夜の夕食もつくり置きする援助内容を計画した。そして、夕食前には、近隣の田中さんが散歩の誘いに来てくれたり、地区担当の民生委員が次郎さん宅を訪ねてくれたりすることになった。さらに、週末には、長男も実家のほうへ来て、次郎さんとの交流を少しずつもてるように努力するとのことであった。

【支援実施後の経過】

　次郎さんは、毎日、ホームヘルパーが来て、買い物に行ったり、いろいろな料理を一緒につくったりすることができることを楽しみにしているようである。また、これまでかかわりのあった近隣の田中さんにも引き続き支援のネットワークに入ってもらい、次郎さんにとって安心できる存在として位置づけられている。さらに、田中さんの負担が大きくならないように、地区担当の民生委員や担当ケアマネジャーも定期的に次郎さん宅を訪問している。なお、次郎さんの血圧が高いこともわかり、当面の間、月に2回受診することになっている。

　一方、長男は、次郎さんとの関係性について、簡単に改善のきざしは見えないものの、担当ケアマネジャーにこれまで抱えていた思いを吐露することにより、気持ちに少し落ち着きが認められるようになってきている。また、「昔は親父もやさしかったのですが、仕事の関係でうまくいかないことが続き、そのやるせない感情を家族にぶつけていたのだと思います」と、次郎さんのことを「あいつ」から「親父」というように表現も変わりつつある。

【考　察】

　支援実施前と支援実施後を比較したエコマップの例を見るとわかるように、ケアマネジャーによる支援実施前は、次郎さんと長男との間には葛藤関係があり、また、支援の手についても近隣からの夕食の配達と、不定期に通院している医療機関のみであったため、1日の大半を一人で生活する状況であったことがわかる。

　一方、ケアマネジャーによる支援実施後は、毎昼食時間前に訪問介護サービスが入るようになり、また、夕食前には、近隣住民や民生委員、ケアマネジャー

も見守りや話し相手、散歩の付き添いをすることにより、次郎さんの生活にも
リズムが生まれやすくなっているものといえる。今後は、様子を観ながら、デ
イサービスセンターの利用も検討していく予定である。

　なお、次郎さんと長男との関係性について、ケアマネジャーは、経過観察を
する予定であるが、次郎さんの状況について定期的に報告しながら、少しずつ
長男との信頼関係を構築していきたいと考えている。

図6-2　支援実施前と支援実施後を比較したエコマップの例と代表的な表記法

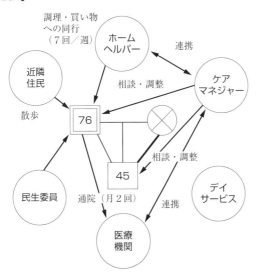

【学びの確認】

①ソーシャルワーカーは何のために記録を書く必要があるのでしょうか。

②クライエントへの支援過程で、エコマップはどのような働きがあるのでしょうか。

③「ソーシャルワーカーの倫理と記録との関係性」をテーマにまとめてみましょう。

【引用文献】

1）岡村重夫『ケースワーク記録法－その原理と応用』誠信書房　1965年　はしがき

【参考文献】

川村匡由編『社会福祉援助技術』ミネルヴァ書房　2003年

北島英治・副田あけみ・高橋重宏・渡部律子編『ソーシャルワーク演習（上)』有斐閣 2002年

黒木保博・山辺朗子・倉石哲也編『福祉キーワードシリーズ　ソーシャルワーク』中央法規出版　2002年

塙和明・西館有沙編『社会福祉援助技術論』文化書房博文社　2005年

岡村重夫『ケースワーク記録法―その原理と応用―』誠信書房　1965年

澤伊三男・小嶋章吾・高橋幸三郎・保正友子編『社会福祉援助技術演習ワークブック』相川書房　2003年

副田あけみ『社会福祉援助技術論―ジェネラリスト・アプローチの視点から』誠信書房 2005年

副田あけみ・小嶋章吾編『ソーシャルワーク記録―理論と技法』誠信書房　2006年

ソーシャルワーク演習教材開発研究会編『ソーシャルワーク演習ブック』（指導者用）みらい　2008年

杉本敏夫編『社会福祉援助技術』保育出版社　2004年

谷口泰史・松本英孝・高間満・相澤讓治編『社会福祉援助技術論』久美　2005年

八木亜紀子『相談援助職の記録の書き方―短時間で適切な内容を表現するテクニック』中央法規出版　2012年

山田容『ワークブック社会福祉援助技術演習　①対人援助の基礎』ミネルヴァ書房 2003年

『新版・社会福祉学習双書』編集委員会『新版・社会福祉学習双書2007＜第8巻＞社会福祉援助技術論　全国社会福祉協議会　2007年

社会福祉士養成講座編集委員会『新版　社会福祉士養成講座8　社会福祉援助技術Ⅰ第3版』中央法規出版　2006年

第7章　ケアマネジメントの理解

【学びの目標】

　本章では、ソーシャルワーク領域において定着を見せてきた相談支援の方法論であるケアマネジメントについて、その発展過程や実践現場に導入されてきた経緯を理解することで、実践にどのように活用していくことができるかを学ぶ。また、具体的な展開過程と留意点を学ぶことで、実践に即した技術を身につけるための基礎的な知識を得ることを目的とする。加えて、本章で示されるケアマネジメントの代表的な実践モデルについて理解を深め、それぞれの特徴を活かして対象と目的に合わせた適切なケアマネジメント実践が展開していけるようになることが学びの目標である。

① 　ケアマネジメントの意義と目的を理解する。
② 　ケアマネジメントの展開過程について理解する。
③ 　ケアマネジメントの代表的モデルと実践上の留意点について理解する。

1．ケアマネジメントとは何か

（1）欧米におけるケアマネジメントの誕生と社会的背景

　ケアマネジメントは、アメリカにおいて精神障害者の社会的入院が問題視され、脱施設化運動が進められるようになった1970年代に登場した。当時、アメリカでは精神科病院に入院している精神障害者の半数が社会的入院だったとされており、地域社会において精神障害者の生活基盤がつくれないまま、必ずしも治療と退院を目的としない長期的な入院生活を精神障害者に強いてきた。こうした社会的入院を問題視し、脱施設化、コミュニティケアの推進という視座から、州立病院の精神科病院の病床数を半数閉鎖するという動きが進むことになった。

しかし、退院した精神障害者が地域で暮らすためには住宅、雇用、医療、福祉サービス等の支援が必要になるにも関わらず、多くの精神障害者がそれらに適切にアクセスできず、十分な支援を受けられないまま再入院やホームレスに至ってしまっていた。これまで長期入院を強いられてきた精神障害者にとって、必要なサービスを確保するために幾つもの窓口まで赴き、自らの生活ニーズに応じたサービスを得るということは非常に困難であったのである。

　そこで、一つの窓口で一人ひとりの生活ニーズを明らかにし、合致するサービスを提供できるよう地域精神保健センター（community mental health center）を創設し、多様なニーズに応えることができるシステム構築がめざされた。その際の相談支援が「ケースマネジメント」と呼ばれ、アメリカで精神障害者へのアプローチのみならず、長期的な支援を必要とする高齢者領域や身体・知的障害者支援の領域、難病（HIV等）支援においても方法論として広がっていくこととなった。

　また、このケースマネジメントの考え方はイギリス、カナダ、オーストラリア、ドイツ等にも広がりを見せるようになった。特にイギリスでは、オイルショックにはじまる経済の低迷のなかで、保健・医療・福祉サービスの非効率性や提供されたサービスとニーズの不一致が顕在化し、サービス提供体制の大幅な見直しが迫られることとなった。そして、1990年に制定された「国民保健サービス及びコミュニティケア法」によって、ケースマネジメントの仕組みが制度化されるに至った。なお、イギリスではその際にケースマネジメントという用語ではなく、ケアマネジメントという用語が用いられることとなった。アメリカにおいても、ケースマネジメントという用語については1980年代から批判がなされるようになっており、マネジメントには「管理」としての意味が内包されていることから、その対象を「ケース（事例、利用者）」と捉えると利用者自身が「管理される」という印象につながるという反発が起きていた。そうした議論のなかで、マネジメントの対象はケースではなく、ケア（支援）であるという発想のもと、ケアマネジメントという用語が使用されるようになってきたのである。

　わが国においても、アメリカのケースマネジメントが1980年代に紹介されて以降ケースマネジメントの用語が用いられてきたが、イギリスでの議論を受けて、介護保険制度創設後にはケアマネジメントが用語として普及することとなった。用語の混在はあるものの、意図する方法論としての内容に違いは無いことから、本章では用語の差異については取り上げず、「ケアマネジメント」に統一して説明していくこととする。

（2）日本におけるケアマネジメントの発展

　2000（平成12）年に介護保険法が施行されたことにより、「措置制度」から「契約制度」へと福祉サービスの供給システムが大きく変わることとなった（図7－1）。このサービス供給システムの変容が高齢者の福祉制度にもたらした最も大きな影響は、利用者を従来の「措置の客体」として捉えるのではなく、サービスを契約し利用することによって自らの生活を構築していく「主体」として位置づけたことである。従来の措置制度では、措置委託を受けて直接サービスを提供する機関と利用者の「権利－義務関係」が不明確な状態にあり、利用者の主体性や選択権の保障といった側面に焦点があてられることも少なかった。一方、介護保険制度では利用者が介護保険料や福祉サービスの利用料の一部を負担すると同時に、サービスを選択し、サービス提供機関と契約を結ぶことで、両者間の「権利－義務関係」を法的に明確にすることとなった。つまり、介護保険法施行にともなうサービス提供システムの転換は、高齢者に「権利主体」としての「主体性」を促進する側面を含むものであった。

　しかし、長年措置の客体であった利用者は福祉サービスの給付による恩義とスティグマを感じることこそあれ、サービス利用を自らの権利として自覚し、サービス利用の主体的存在として位置づけられることに慣れていない状況にあった。そのため、利用者を「サービスの利用主体」と位置づけた制度的変容に、利用者、サービス提供機関双方の意識がともなっていなかったのである。つまり、制度的にサービス利用方式を契約型に移行するだけでは、利用者の権利保障や自己決定が十全に確保できるということにつながらず、ともすれば契

図7－1　措置制度と契約制度

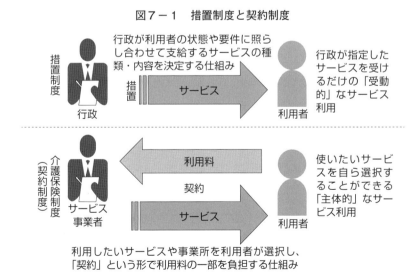

出典　筆者作成

約概念の導入は、サービス調整時において、いわゆる「サービス提供機関主導」のサービス供給に陥りやすくなる危険性を内包するものであった。そこで、わが国における介護保険制度ではサービス調整の手法としてケアマネジメントが取り入れられ、その担い手として、介護支援専門員が制度化されることになったのである。

　また、このように高齢者支援の方法論としてケアマネジメントが一定の定着を見せるなかで、障害者支援の領域においても障害者自立支援法でケアマネジメントの考えが制度化され、障害者総合支援法になった現在でも指定特定相談支援事業者がケアマネジメントのプロセスを活用して、利用者のニーズに基づく課題解決に取り組むようになっている。同時に、児童領域における虐待対応や生活困窮者への支援方法として応用されるなど、今日では広く日本のソーシャルワーク実践に浸透するようになってきた。

（3）ケアマネジメントの定義

　ケアマネジメントの定義は多様であるが、一言で示すと「複雑で重複した問題や障害を持つクライエントが適時に適切な方法で必要とするすべてのサービスを利用できるよう保障することを試みるサービス提供の一方法」[1]といえる。また、その担い手であるケアマネジャーは利用者とサービス提供システムをつなぐ人的なリンクとして存在し、利用者と常に関わり、利用者に対する責任を持つ唯一のサービス調整者であるとされてきた。つまり、抱える生活課題の複雑性ゆえに利用者自らが自身のニーズを言語化できない状況等において、適切にニーズを抽出し、そのニーズに即した社会資源を提供するとともに、支援の継続性を確保していくために利用者とサービス提供システムとを調整していくことがケアマネジメントということができる。

（4）ケアマネジメントの意義と目的

　ストローマン（Stroman, D. F）はケアマネジメントに対して、地域社会での自立支援の方法として発達してきたケアマネジメントと、費用管理とサービスの質の保障を目的としたマネジドケアのなかで生まれてきたケアマネジメントは意義が異なるため、実践上において混乱が生じていることを指摘する[2]。これまでのケアマネジメントの発展過程において、ケアマネジメント導入の意義を利用者の自立支援に見出してきたことは事実である。しかしながら、イギリスに導入された経緯を見てもわかるように、これまでのサービス提供体制の

非効率性を改善するためにケアマネジメントを導入し、「必要な支援を、必要な分だけ提供する」という給付管理という機能に期待して実践されてきた部分もまた事実である。

オースティン（Austin, C. D）は、こうしたケアマネジメント実践のあり方を分類するために、費用管理と費用効率を高めるゲートキーパーとしての役割を果たす「システム志向型のケアマネジメント」と、クライエントのニーズに焦点を当て自立支援の役割を果たす「クライエント志向型のケアマネジメント」に分類したうえで、実際のケアマネジメントはこの2つのモデルの対極線上のどこかに位置すると述べている[3]。

岡部は介護保険制度におけるケアマネジメントについて、利用者の必要の実現を支える自立支援やアドボカシーの側面をもちながらも、一方で総支給量抑制のための給付管理としての役割があり、ケアマネジメントにおけるサービス調整が支給量抑制のシステムと結びついてしまう可能性があるとしている[4]。

シルバーストーン（Silverstone, B）もこの点について、ケアマネジメントにおいて利用者の自立支援を行うことと、提供機関のゲートキーパーとしての機能を果たすことの両方を成立させることへの懸念はしばしばもたれてきたことであり、費用抑制という関心において、今日、ケアマネジメントはゲートキーパーの役割を取る傾向にあることを指摘しているのである[5]。

このように、ケアマネジメントが方法論として支援現場に導入されることの意義については、利用者のQOLを高め自立支援を志向する側面と、ひっ迫する社会保障財源を抑制する財源抑制の側面の両者が強調されてきており、これらの意義に対してバランスを取りながら実践されてきた経緯がある。つまり、一言で「ケアマネジメント」と言ってもその意義は二つに大別されて考えられており、その実践内容もどちらの意義に重点を置くかによって差異が生じてくるということを念頭に置いておかなければならない。また、こうした意義に加え、ケアマネジメントを介して達成しようとする目的に応じて、近年さまざまな「モデル」が開発されるようになり、それぞれの効果検証についても研究が進められている。

2．ケアマネジメントの過程と留意点

（1）ケアマネジメントの過程

1）ケースの発見・インテーク

自らの生活課題を「恥」や「うまく説明できない」といった理由から、ケア

マネジメントを求めて自発的に相談に訪れることができる利用者はそう多くない。そのため、ケアマネジメントが開始される前段階として、ケアマネジャーが地域や本人を訪問するなどして取り組むアウトリーチによるケース発見の場面がある。アウトリーチによるケース発見を効果的に実践するため、さまざまな社会福祉調査や研究がなされており、ケアマネジャーにはそうした情報をもとに支援を必要とする者の元へ出向き、接点をもつことが求められている。しかし、支援が必要な者をケアマネジャーがすべて単独で発見することは容易ではない。そのため、地域住民や他の専門職が対象者を発見した場合に迅速にケアマネジャーへ連絡が入るシステムとしてネットワークを構築しておくことも同時に求められるのである。

　こうした実践の結果、ケアマネジメントを必要とする対象者の早期発見・早期対応が可能になり、課題の深刻化や潜在化を防ぐことになる。しかし現状では、多忙な業務によって現場ケアマネジャーが必ずしも十分にケース発見やアウトリーチに取り組むことができているとはいえず、ケアマネジメントとして介入する場合の多くが利用者や家族からの直接依頼、関係機関からの照会である場合が通常となっている。そのため、アウトリーチ機能等の強化が課題となっている。

　また、ケアマネジメント実践における初期の対応として、インテーク（初回／入口）面接を行うことも求められる。相談に来た者に対して、ケアマネジメントの内容をわかりやすく説明すると同時に、ケアマネジメントを必要とするかどうかの必要性の判断（スクリーニング）や危機管理（リスクマネジメント）、次回以降の支援を受けるかどうかの了解・契約（エンゲージメント）を行うことがインテークの段階には求められる。

2）アセスメント

　現時点での生活ニーズを評価・査定することを目的に、利用者や関係者からの情報収集および分析を行うことがアセスメントの段階である。情報収集を効率化させるための「アセスメントシート」を活用しつつ、信頼関係構築を図りながら利用者の気持ちや感情等について相談援助を介して情報を引き出していく実践となる。また生活ニーズの抽出については、多面性を意識し、現在の問題状況だけでなく、健康状態、ADL（日常生活動作）、生活意欲、経済状況、住宅状況、家族関係、活用可能な社会資源など、利用者の心理的側面、身体的側面、社会的側面といった情報を総合的に勘案してニーズ把握に取り組まなければならない。

　さらに、ケアマネジメントを展開していくうえでは支援過程に本人が積極的

に参加することが必要不可欠となる。専門職であるケアマネジャーが支援を主導してしまうと支援関係において「依存」が生まれる可能性が高くなってしまう。そのため、利用者本人が支援の主体であるという認識をもてるように、こうした情報収集やニーズ分析の過程において利用者と協働で作業を進めることが求められる。利用者が自らの課題や活用可能な資源を認識することで、その後の支援において自発的にかかわろうとする姿勢が生まれる。また、これまでの生活歴や強みについて認識を深めることで、このアセスメントプロセス自体が利用者にとって自信や意欲を獲得するプロセスとなるのである。

3）プランニング

　アセスメントを経て明らかとなった生活ニーズに対して、それらのニーズを充足することでどのような生活をめざすのかという支援目標（ゴール）の設定と、目標を達成するために必要なサービスをケアプランに位置づけていく段階がプランニングである。紹介されたサービスを受けるだけではなく、サービスを利用した結果どのような生活をめざすのかということを目標として設定しておくことで、利用者はニーズ充足の程度や支援の効果を実感することができる。

　目標を設定する際には、短期的に達成可能な「短期目標」と、長期的な視座に立ってめざす生活像としての「長期目標」に分けて設定し、短期目標を達成していくことで、長期目標の達成に至るような構成で目標を立てることが望ましい。日々の生活のなかで「短期目標」を達成し、自信や自己肯定感を醸成することで、長期目標をめざす動機を得ることは生活全体に向けた意欲を高めることにもつながる。

　また、ケアプランにニーズや目標、サービス内容を明確に言語化して落とし込むことで、ケアプランは利用者や支援に関わる専門職と支援の方向性を共有するツールとなる。利用者や他の専門職とケアプランが共有されていることで、サービスが提供される意図やサービスを利用することによりめざす生活像を明確にして支援を行うことができる。

　さらに、支援を実施した後の評価についても、このケアプランは大きな指標となる。ケアマネジメントを介して提供されるサービス、支援は生活を支えるものであり、その効果はときとしてなかなか形として表れにくい場合もある。そうしたとき、ケアマネジャーや個々の社会資源が支援過程を振り返ろうと思っても、自らの実践を振り返る指標が得られにくい状況が生じる。しかし、ケアプランの内容が充実しており、具体的な目標が落とし込まれていると、計画通りサービスは提供されたのか、目標はどの程度達成できたのか等のことについてケアプランを評価軸として振り返ることができるのである。そのため、

ケアプランに落とし込む内容には、その後に評価することができる数値的目標や実施時期・期間などの具体的内容を示す必要がある。

　ケアマネジメントでは、一つの完璧なケアプランが存在するのではなく、「利用者とその生活は可変的なものである」という前提のもと、継続的にケアプランが検討される必要があり、常に支援を振り返ることが求められる。そうした意味でも、ケアプランの充実と定期的なモニタリングによる支援の評価がケアマネジメントの質を高めるうえで非常に重要な要素になるといえる。

4）モニタリング

　モニタリングの段階では、ケアプランで示した実施期間や目標など内容やケアプランに位置づけたサービスの効果（ニーズの充足度）、利用者の変化などを評価していくことが求められる。サービスの提供回数や質だけでなく、サービスを受けた後の利用者の様子や周囲の反応を情報収集し、専門職としての立場からの評価と、利用者自身の視点からの評価をふまえてモニタリングしていくこととなる。利用者の生活はサービスの影響だけでなく、本人の体調や心理的状況の変化にも大きく影響を受けるため、アセスメント内容をふまえたうえで、支援の適切性を丁寧に把握していくことが必要となる。

　モニタリングの際に留意しておきたい点は、利用者からの不安や不満は潜在化しやすいということである。利用者は自ら受けるサービスについて比較対象となるような情報をもっているわけでもなく、特にこれまでサービスを受けたことがない利用者にとっては、何を基準にサービス内容の良し悪しを判断すればよいのか迷ってしまうことは容易に想像できる。そのため、ケアマネジャーとして気づいた点や、ケアプランと照らし合わせながら目標がどの程度達成できたのかということについて利用者と対話を行いつつ、サービスを受けた結果得られた成果とともに、改善が必要な点を協働作業として検討していく必要がある。

　こうしたモニタリングを通して新しい課題やサービスの不備等が明らかになった場合は、利用者への再アセスメントを行い再度ケアプラン作成を行うことに加え、サービス提供者側の不備等については提供者との調整を行うなどの支援を行っていくこととなる。

5）再アセスメント

　モニタリングによってサービス提供の実態や利用者の変化等を把握し、支援内容についての評価を行った後、ニーズやサービス内容、方法、目標等に変更の必要性が生じた場合は、再度アセスメントの段階に戻り「再アセスメント」

を行うことが求められる。こうした再アセスメントを繰り返し、ケアプランがより利用者の実態に即したものとなるよう変化を加えていくことがケアマネジメントには肝要であり、適宜再アセスメントを行っていく必要がある。PDCAサイクルを意識し、利用者やニーズは常に変化するものであるという姿勢で再アセスメントに取り組んでいく必要がある。

6）終結

　利用者の生活状態が安定し、将来にわたって問題なく過ごすことができると判断される場合において、ケアマネジメントとしての支援は終結を迎えることになる。ケアマネジメントは本来、永続して関わる支援ではなく、支援過程を通して利用者自身が成長し、力をつけることで自立していくことを志向する支援であるため、ケアマネジャーは支援過程のなかで利用者の成長やエンパワメントを促す支援を心がける必要がある。具体的には、サービスの選択の仕方や利用者の意志をサービス提供者に伝える訓練、サービスに対する苦情や希望を効果的に伝える方法など、利用者がケアマネジメントプロセスに参加することで、経験知として必要な技能を高めていくことに加え、自らの生活をコントロールできているという意識を高めていくことにより終結に向けて働きかけることが求められる。

　一方、現状として高齢で心身ともに生活の維持が難しい場合や、難病、認知症など不可逆的な病気など、多くの場合が施設入所や死亡といった理由でケアマネジメントが終結を迎えるケースが多い。つまり自立という形で終結を迎えることが容易ではないが、基本的な姿勢として自立による終結を意図して支援を行うことが求められている。

（2）ソーシャルワーク・ケアマネジメント実践

　一般的なケアマネジメントプロセスでは、上記に示した通り利用者へのアウトリーチやインテークを実施した後、アセスメント、プランニング、モニタリングという手順で実践されることとなる。しかしこのような作業手順は、医療・看護の実際場面でもごく当たり前に行われていることであり、実践分野が異なるだけで類型的な作業といえる。つまり、ケアマネジメントについてソーシャルワーク実践としての固有性を示すためには、こうした作業手順・プロセスのなかにおいて、いかにソーシャルワークの視座を取り組むかということが核心となるのである。そうした議論のなか、全米ソーシャルワーカー協会（NASW）では、"Social Work Case Management"と銘打ち、その固有性および特徴を

次のように説明している[6]。

①パーソン・センタードのサービス（利用者、ときには家族を中心にした支援）

②クライエント・ソーシャルワーカー関係の卓越性（クライエントとの治療的・同盟的な関係）

③「環境の中の人」の枠組み（人と環境との相互影響のもとで、個々人を理解すること）

④ストレングス視点（病理的なことよりも、成長や発達の可能性に信頼を置き、支援すること）

⑤協働するチームワーク（専門職、組織と協働することが不可欠であること）

⑥ミクロ・メゾ・マクロのレベルでの介入（アドボカシーを軸にして、個人・家族・地域・政策の変化に影響を与える多様なアプローチの活用）

　ここでは、ソーシャルワーク領域において重要視されてきたアドボカシーやストレングス視点が強調されるなど、ケアマネジメントプロセスをソーシャルワークの視点で展開していくための要素が示されている。こうした考えをふまえると、ソーシャルワーク・ケアマネジメントでは、先述したケアマネジメントの意義において議論されてきた「システム志向型のケアマネジメント」ではなく、「クライエント志向型のケアマネジメント」をめざすことが求められていることがわかる。

（3）ソーシャルワーク・ケアマネジメント実践の留意点

1）アセスメントにおける情報収集と分析

　アセスメントを効果的に進めるためには、利用者の情報をできるだけ多く収集することが求められる。そのため、アセスメントシートや面接技術の活用、多職種との連携を介した情報収集など、ケアマネジャーはアセスメントを行う際に専門職としての技術と知識を総動員して利用者と向き合う必要がある。また、その際にはやみくもに情報を集めるだけではなく、体系立てた情報収集のための工夫が求められる。基本的には、利用者が不安に感じていることや生活に対する意欲などの「心理的側面」、既往歴や障害特性、健康状態などの「身体的側面」、社会参加の状況や家族関係、経済状況やサポートしてくれる周囲の人間などの「社会的側面」という側面を柱に情報を集めることとなる。さらには、課題だけでなく利用者がもつ強み（strength）である希望や夢、残存能力などにも目を向けて情報把握していくことも重要である。

　しかし、こうした情報収集が充実すればアセスメントが完結するかというとそうではない。情報収集はあくまで「情報」であり、生活全体のなかでの「点」

を捉えたものに過ぎない。これらの点である情報をつなぎ合わせ、「線」として生活の輪郭を示し、「線」を用いて生活全体像や生活課題、ニーズといった「面」を描き出していく作業が必要となる。つまり、情報を収集した後にニーズを分析していくという手続きがあってはじめてアセスメントが成り立つということになるのである。

　利用者のなかには自らの生活課題や福祉サービスが必要になった状態に対して混乱している人も多く、ニーズや課題を明確に言語化できるとは限らない。そのため、ケアマネジャーは情報収集に努めつつ、それらの情報をつなぎ合わせることで「利用者が求めているもの」に近づくための努力をしなければならないのである。患者の様子や痛みがある部分などの情報をつなぎあわせ、疾患や病態を予測する医学領域での「臨床推論」と同様に、ケアマネジメントでもさまざまな情報をもとにニーズを分析していく「見立て」が求められている。ケアマネジメントにおいて情報収集に費やせる時間は限られており、自ずと得られる情報量にも限界がある。そのため、この見立てを効果的に行い、限られた情報のなかで核心に迫る分析をいかに実践していくかが効果的なアセスメントを成立させるうえで重要な要素となる。

2）プランニングにおける目標設定

　ケアプランはケアマネジメントを介してめざすゴールとその道順を示す地図ともいえる。その地図において示されるゴール、つまり目標は利用者にとって「めざす価値のあるもの」として位置づけられる必要がある。そうでなければ、ケアマネジメントプロセスは、利用者にとって依存的なものになってしまい、支援における結果や内容の責任がケアマネジャーにすべて転嫁される可能性を意味する。もちろん、ケアマネジャーは提供されるサービスについてその責任を負う部分もあるが、サービスを受けながら生活を成り立たせる主体は利用者本人であり、その部分での責任は利用者が負う必要がある。だからこそ、ケアマネジメントプロセスを「お任せ」という形にしないためにも設定される目標が利用者にとって「めざす価値のあるもの」となるよう、利用者と協働して設定していかなければならないのである。

　設定される目標は、具体的かつ達成できることの可能性を感じられるものであることが望ましい。現在の生活からは想像できないような状態を目標として設定してしまうと、たとえ本人が望んだとしても、現実離れしたその目標が遠すぎて利用者がめざそうと思うこと自体を諦めたり、また努力しても目標が達成できないことへの不安や焦燥からケアマネジメントプロセスへの関与が薄れる可能性もある。また、目標が抽象的であると達成できている実感がもちにく

く、めざすべきゴールが曖昧となることから生活意欲を損ねてしまうことも考えられる。プランニングの際に「穏やかに老後を過ごすことが目標」と語る高齢者は多いが、そうした気持ちを尊重したうえで、「穏やか」が示す具体的な内容は何か、どのような状態にあれば「老後を穏やかに過ごすことができた」と実感できるのかをコミュニケーションやアセスメント内容をふまえたうえで、利用者とともに明らかにし、ケアプランのなかに位置づけていく支援が必要となる。

　ケアプランのなかで有効に目標が設定でき、利用者が各目標を達成することができれば、利用者は自己効力感を高め、自らの生活をコントロールすることができたという成長を実感をもって認識することができる。こうしたプロセスは利用者へのエンパワメントにつながるものであり、ソーシャルワーク・ケアマネジメントとして重要な要素になるものと考えられる。

3）支援におけるインフォーマルサポートの導入

　プランニングの際に、ケアマネジャーは生活を支えニーズを充足するために、必要なサービスや社会資源を確定していくこととなる。公的サービス（フォーマルサービス）であれば、法律を根拠にその機能や目的が示されており、ケアマネジャーも支援に必要な内容や頻度を確定しやすい状況にある。しかし、利用者の生活様式は個別性が高く、公的なサービスだけですべてのニーズに対応することは難しい。公的サービスは、法的に位置づけられているという性質から均一性、供給の安定性という面では非常に優れているが、一方で地域特性を考慮したかかわりや情緒的な側面ではその性質ゆえに柔軟性に欠ける部分もある。そうした側面を補う支援としてインフォーマルサポートの存在があげられる。

　具体的には、近隣住民や友人、民生委員や家族、ボランティアといった存在が該当する。こうしたインフォーマルサポートは利用者との関係性や各々がもつ機能や制約といった部分で、支援に導入するためには別途情報収集する必要があり、ケアマネジャーが能動的にその活用可否を検討しない限り、支援を導入することは難しい。そのためケアマネジャーには、公的なサービスとインフォーマルサポートの長所・短所を勘案しつつケアプランに落とし込んでいく努力に加え、日頃から地域におけるインフォーマルサポートとの関係づくりに取り組み、支援において導入する必要があるときの判断材料となる情報を集めておくことが求められるのである。

4）社会資源開発、アドボカシーを視野に入れた実践

　利用者のニーズに沿ってさまざまなサービスや社会資源をマッチングさせていくケアマネジメントにおいて、時にニーズを満たすうえで十分なサービスや社会資源が整備されていないという課題に直面することがある。利用者のニーズは時代とともに変化し、また個別性の高いものであるため、既存のサービスや社会資源で対応しきれない部分が生じてくることは、むしろ必然ともいえる。そうした際に、ケアマネジメントが利用者の自立を志向し、ソーシャルワークの視座に立って展開されていくものであるとするならば、不足する社会資源の開発や利用者の利益・権利を擁護していくための取り組みであるアドボカシー実践をケアマネジメント実践として行っていくことが求められる。

　アドボカシーはその機能からケースアドボカシー（個別のアドボカシー）と、クラスあるいはシステムアドボカシー（個の集合により、制度や政策の改善を志向するアドボカシー）とに大別して説明される。前者は利用者本人と社会資源の調整に着目したものであり、既存のサービスや制度の枠組みのなかで利用者がもつ本来的な権利を行使することに重点が置かれるのに対し、後者はケースアドボカシーのなかに普遍的な共通した課題がある場合に、サービス供給主体や行政、制度、社会福祉機関などのシステムに対して柔軟な対応や変革を求める活動とされている。つまり、ケアマネジメント実践においてサービスや社会資源が利用者のニーズを満たすうえで不十分な場合、ケアマネジメントプロセスにおいて利用者のニーズに即してサービス提供者や社会資源が柔軟に反応するよう働きかけることに加え、同様の未充足ニーズが複数の利用者でみられる場合は新たな社会資源の開発や、制度・政策の変革に向けて働きかけることが求められるのである。

3．ケアマネジメントの諸モデル

（1）代表的なケアマネジメントモデル

　これまでに触れた通り、ケアマネジメントには意義や目的が複数存在し、それぞれの視点によってその実践内容が異なってくる。こうした背景のなか、目的や視点に応じた実践内容を体系的に示すために、これまでにもさまざまなケアマネジメントモデルが開発され、その効果についての検証が行われてきた。以下では、その代表的なモデルについて触れていくこととする。

1）ブローカーモデル（仲介モデル）

　ブローカーモデルはケアマネジメントの基本形でもあり、原初的なモデルとも呼ばれている実践形態である。ブローカーモデルの特徴は、現時点での生活課題を迅速に解消するために、早期にサービスや社会資源に結びつけることに主眼を置くことにある。その特徴ゆえにアウトリーチや相談援助、アセスメント、継続的なモニタリングといった実践に多くの時間を割かず、サービスを受けるための情報提供や支援を提供している他の機関への送致ということに支援の重点が置かれることになる。利用者との限定的な関係性のもと、端的にサービス提供機関へ送致するに至ることなどから批判的な指摘も見られるが、一方で関係性づくりやアウトリーチなどに時間を要さないため、支援の即応性は高く、ケアマネジャーは多くの利用者に対応することができるというメリットがある。

　ブローカーモデルのケアマネジメントが効果的な状況としては、利用者自身の生活意欲が高く、また情報不足・知識不足という点においてサービスに結びついていないだけで、適切なサービスに結びつくことができれば自立に結びつくような「終結」の目処が立っている場面ということになる。また、その前提としてニーズを充足するうえで十分なサービスや社会資源が利用者の環境として整っている状況が必要となる。ブローカーモデルを実践するうえでは、初期のアセスメントにおいて適切に利用者の状況を把握し、必要最低限の情報やサービスへのアクセスに関する手続きを伝えられれば、後は自立して行動できそうかどうかの見極めを行う力量が求められるのである。

2）リハビリテーションモデル

　ボストン大学ではじめられたこのモデルでは、ケアマネジメントプロセスを介した治療および機能回復に主眼を置くものである。利用者のニーズに即したサービスを調整していく過程において、利用者自身の機能（心身機能、日常生活に求められる技術や動作、社会活動等）の回復をめざしていくモデルである。特に、精神障害者支援領域で盛んに取り入れられ、支援プログラムとして開発が進んできた。支援の過程では「課題中心アプローチ」や「解決志向アプローチ」の考え方などが援用されており、提供されるサービスも機能訓練的なものが重視される。また、本人の生活に対する動機づけを促進することを目的にモチベーショナルインタビューなどの技法をケアマネジメントプロセスにおいて取り入れる等の取り組みがされている。

　ケアマネジメントとしての介入は比較的長期間にわたり、ケアマネジャーは種々の専門職とチームを構築して本人の機能回復に努めることとなる。このモ

デルが適している利用者としては、自らの生活に対して目標をもって取り組む
動機があり、機能訓練の結果として回復の見通しが立てられる者となる。

3) ストレングス・エンパワメントモデル

　初期のケアマネジメントは、利用者の病理や問題のある部分に焦点を当てて
生活ニーズを理解し、必要な社会資源に結びつけてニーズを充足するという機
能を担っていた。しかしながら、医学モデルに代表されるような病理や欠点と
いった弱さのみにケアマネジャーが着目してしまうことで、さまざまな課題が
生じてきたことも事実であった。具体的には、支援過程の焦点が弱さに当てら
れることにより、利用者は自らの弱さをケアマネジャーから突きつけられ続け
る経験を介して自尊心を低めてしまうことになった。また、ケアマネジャーが
利用者を捉える際に「問題を抱えており、支援が必要な人」という思考に偏っ
てしまうことにより、利用者とケアマネジャーの関係性が「上下関係」と意識
され、パターナリズム[*1]や依存関係が生じてしまうことが懸念された。こう
した課題を克服する目的で展開されてきたのが、ストレングス・エンパワメン
トモデルのケアマネジメントである。

　このモデルでは利用者の持ち味や強み（Strength）に焦点を当て、その強み
から生活支援を進めていくこととなる。実践にあたっては、①「人は成長して
いくものである」という視点、②欠点ではなく強さに焦点を当て、アセスメン
トやプランニングを行う、③「利用者が支援の主人公である」という視点、④
ケアマネジメントの舞台は生活基盤である「地域」とする、という考えが重視
されており、「できること」「夢」「今後の生活に対する期待」等を中心にケア
プランを構築していくことが特徴となる。

　また、単にニーズに適した資源をマッチングするだけでなく、強さを活用し
て自ら課題を克服するという成功体験を積むことで「生活を自分のコントロー
ル下に置くことができている」という実感を積み重ねることができるよう支援
することで、エンパワメントを志向していくことになる。そのため、プランニ
ングの際には、自らの生活に対して能動的に考えられるような目標設定支援や、
短期目標を介した成功体験の積み重ね、利用者本人が交渉や調整過程に触れる
ことができる機会を設け、「次は自分で」と思えるような気持ちを養う教育的
支援などが必要となる。

4) ACTモデル（集中型モデル）

　ACT（Assertive Community Treatment）モデルは、重度精神障害者を支
援するための包括型地域生活支援プログラムとしてアメリカで発展してきたも

＊1　パターナリズ
ム（paternalism）
とは、弱い立場にあ
る者が、強い立場に
ある者の「言うがま
ま」に行動すること。
「温情主義」「父権主
義」とも呼ばれ、親
が子のためによかれ
と思って子の意思に
関わらず行動の制限
や干渉を行うことか
らきている。

のである。このモデルの特徴はチームアプローチ（1人の利用者を複数のスタッフで受けもつ）ものであり、24時間体制で利用者にかかわり、本人の回復や自立を集中的に支援していくことにある。サービス提供や動機づけ、フォローアップなどをチームで取り組んでいくことが重視され、利用者に寄り添った手厚い支援を行う。ケアマネジャーは他のモデルより多くの注意を利用者に払い、適宜必要な専門職とともに支援を展開していくこととなり、その効果も検証されているモデルである。

　利用者と専門職が緊密な関係性をもって支援が展開されることから、利用者の自立や機能回復に効果が示される一方、このモデルのケアマネジメントでは多くのマンパワーを集中的に利用者に対して導入するため、ケアマネジャー一人当たりの担当数をかなり限定しなければならない。支援の対象となる利用者像としては、疾病や障害の状態によって継続的に支援が必要であり、包括的かつ積極的な支援介入が求められる者（長期入院している、あるいは入退院を繰り返している精神障害者等）に導入されることとなる。

（2）目的に応じたモデルの活用

　以上、代表的なモデルについて触れてきたが、ケアマネジメント実践において「正しいモデル」が存在しているわけではなく、利用者や環境の状況に合わせてどのケアマネジメントモデルを展開していくかということが「正しい活用方法」となることを忘れてはならない。近年、こうしたモデルに対して調査・研究が行われ、その効果が検証されるとともに、実践者が「私は○○モデルを実践しています」と説明する機会に出会うことも増えてきた。実践モデルを意識的に用いて行った支援について、実践者が言語化できるようになってきたことは、ケアマネジメント実践の底上げが図られてきている証左だと考えられる。

　実践理論やモデルは単に受験勉強用の知識として知っているだけではなく、利用者支援のために体現されてこそ意味をもつ。また、各モデルやアプローチには得手不得手があり、ソーシャルワーカーがジェネラリストであるという立場をとるのであれば、「私はこのモデル、アプローチでしか実践できません」という立場を取ることは避けなければならない。モデルや理論に基づいて実践を振り返ることは、さらなる理論のブラッシュアップにもつながるため、理論・モデルと実践の相互関連性を意識して理解を深めていくことが継続的に求められるのである。

【学びの確認】

①ケアマネジメントの意義や目的にはどのようなものがあるでしょうか。

②ケアマネジメントにおいて、エンパワメントやアドボカシーの考えは、どのように活用できるでしょうか。

③利用者の特性に応じて、意識すべきケアマネジメントの留意点や有効と考えられるモデルを選択することができるでしょうか。

【引用文献】

1 ）白澤政和『ケースマネジメントの理論と実際―生活を支える援助技術―』中央法規出版　1993年　pp.10-11.

2 ）Stroman, D. F. "The Disability Rights Movement: From Deinstitutionalization to Self-Determination" University Press of America. 2003 p.78

3 ）Austin, C. D. "Case Management: Myths and Realities", *Families in Society*, 71（7）, pp.398-402.

4 ）岡部耕典「支援費制度における利用者本位の受給支援システムの検討―アメリカの自己決定／受給者本位モデルを参照して」『社会福祉学』45（1）　2004年　pp.13-21.

5 ）Silverstone, B. "Social Work with the Older People of Tomorrow: Restoring the Person-In-Situation" *Families in Society*, 86（3）, 2005 pp.309-319.

6 ）National Association of Social Workers. "NASW Standards for Social Work Case Management" SocialWorkers.org 2013 pp.10-20.

【参考文献】

竹中孝仁・白澤政和・橋本泰子監修『ケアマネジメントの実践と展開』中央法規出版 2000年

岡田進一『ケアマネジメント原論―高齢者と家族に対する相談支援の原理と実践方法―』ワールドプランニング　2011年

白澤政和『ケアマネジメントの本質―生活支援のあり方と実践方法―』中央法規出版 2018年

第8章　グループワーク（集団援助技術）

【学びの目標】

グループワークの意義や目的を学ぶとともに、何人かが集まってできたグループのなかで、それぞれ目的や要求をもっている個人を理解する。そして、そのグループのメンバーが相互に作用しあい、自分への気づきや他者への理解を深め、成長、発達していく。そのようなグループがもつ特性や力を引き出し、支援につなげるとともに、ソーシャルワーカーとしての視点や支援を行う際に注意する点をふまえ、グループの活用の方法についての理解を深める。

① グループを活用したソーシャルワークの意義や目的、方法について学ぶ。

② グループワークにおいてソーシャルワーカーに求められる役割や視点について学ぶ。

③ グループを活用した支援の展開過程を学び、実践につなげる。

1．グループワークとは

現在、グループワークはソーシャルワークの一つの技法として用いられているが、古くは社会教育の分野で発展してきたものであった。個人の成長と社会的適応を図る方法と過程であるという考え方が広がっていくなかで、心理的に問題を抱えている子どもや精神障害者に対する支援から治療的なグループワークへと発展し、ソーシャルワーク体系の一つとして認められるようになっていったのである。

（1）グループワークの定義

グループワークの定義については、その目的や研究者の研究分野において、さまざまな形で定義されている。そのなかで代表的な研究者の定義について述

べることにする。

1) ニューステッター（Newstetter,W.I.）の報告

　最初にグループワークの定義として公式な場で発表されたのは、1935年のアメリカでの全国社会事業会議（National Conference of Social Work）において、ニューステッターが報告したものである。その内容については、「グループワークとは、任意的団体を通じて、個人の発達と社会的適応とを強調する教育的な過程であり、かつ、この団体を社会的に好ましい諸目標を拡充する手段として用いるものとして定義できる」[1) と述べている。

2) コイル（Coyle,G.）＊1の定義

　「ソーシャル・グループワークとは、任意につくられたグループで、余暇を利用してグループワーカーの援助のもとに実践される一種の教育的活動であり、集団的な経験を通して個人の成長と発達を図るとともに、社会的に望ましい目的のために各構成員が集団を利用することである」[2)。

3) トレッカー（Trecker,H.）の定義

　「ソーシャル・グループワークは一つの方法であり、それによって社会事業団体内のグループに属する各人が、プログラム活動で成員の相互作用を指導するグループワーカーによって援助され、各自の必要と能力に応じて、他の人々と結びつき、成長の機会を持つ経験を与えられ、もって個人、グループ、および地域社会の成長と発展をはからんとするものである」[3)。

　これら以外にもヴィンター（Vinter,R.）はグループワークを、「治療を行いクライエントの変化を促すことである」とし、またシュワルツ（Schwartz,W.）は、「個人と社会の相互関係に働きかける」ことをグループワークの目的であると述べている。

（2）グループワークとは

1) グループ・ダイナミックス

　グループでの交流をとおして、自分だけではなく、他の人も自分と同じような思いや考えをもっていることへの安心感や、一人ではできないことに対して行動を起こさせたり、成し遂げた後の達成感や、帰属感（存在意義）などを個人は感じ取ることになる。グループの個々のメンバーが発する言葉や行動は、

グループや個人に何らかの作用をもたらす。このような相互作用をグループ・ダイナミックスという*2。その作用をとおしてグループや個々の問題解決にあたることが、グループワークとして機能することになるのである。

*2　グループ・ダイナミックス（集団力学）とは、グループによるメンバー同士の相互関係によって生じる心理的な力動性から、人間関係や社会的な事象を明らかにしようとする学問のこと。

2）グループワークとは

　グループワークとは、対象となるクライエントが抱える生活問題に対して、グループ独自の特性やグループのメンバーの力を用いて、専門的な知識や経験をもったソーシャルワーカー（グループワーカー）がグループで協働する活動や展開過程をとおして支援していくことである。

　高齢者の自立に向けた支援や認知症の人への回想法による支援、アルコール依存症や犯罪を犯した者の更生を図るなどの社会復帰に向けた支援、また児童の社会規範を身につけるためのトレーニングなど、さまざまな場面でグループワークを活用した支援がなされている。

　以下では、クライエントのことをメンバーとし、またソーシャルワーカーをグループワーカー（またはワーカー）として示すこととする。

　人は、この世に生まれてまず家族というグループの一員となる。そして、学校、職場、地域など、成長していく過程でさまざまなグループを体験し、グループの一員として生活を行っている。私たちは、グループでの生活をとおして、価値や倫理観を養い、社会規範を身につけ、成長発達しているのである。

　グループワークは、正式には「ソーシャル・グループワーク」と呼ばれ、ソーシャルワークの一つの方法として用いられているが、この"ソーシャル"という言葉は重要な意味をもっている。ソーシャルとは、人と人とが社会的な場で関係を築き、さまざまな社会活動が展開されるということであり、社会の一員として個人がグループからどのような影響を受けているか、それが社会にどのような影響を与えるのかということである。単に、人が集まって何らかの活動やプログラムを行っていることがグループワークというものではなく、社会的な関係性のなかで行われているということである。

　さらに、グループ活動とグループワークとの大きな違いは、前述に掲げた定義にも見られるように、グループワークには専門的知識や経験をもったグループワーカー支援が不可欠なことである。そして、設定した目標に向かって、メンバーの力を借りて社会資源やプログラムを活用し、個々のメンバーやグループに対して意図的に働きかけ、支援を行っていくのである。

（3）グループワークの理論的体系モデル

グループワークを理論的に体系化し、そこに働きかけるグループワーカーの
かかわりについて代表的な3つのモデルがある。

1）社会的諸目標モデル

伝統的な（最も古くからある）実践モデルである。その基本理念は、「社会
的意識」と「社会的責任」とされ、民主主義にふさわしい市民を育てるために
グループの機能を活用し、社会的な問題の解決を図ることを目的とするもので
ある。

ここでかかわるグループワーカーは、グループ内に社会的意識を育てるとい
う責務を担った「影響を与える人」「導く人」としてとらえられている。特定
の見解を表明するのではなく、価値体系を教え込む人物であるとされる。

2）治療モデル

個人の治療、小集団による変革をグループワークの目的とするもので、代表
的な研究者であるヴィンターは「小さな対面グループの中で、あるいはそのグ
ループを通じてグループに参加しているクライエントが望ましい変化を成すよ
うに援助する一つの様式」[4]であるとその目的を述べている。

グループワーカーは、メンバーの治療目的のため、意図的に「介入する人」
や「変化させる人」とされる。

3）相互作用モデル

個人と個人を取り巻く社会との相互関係に焦点を当て、個人と社会の双方を
ともに支援していこうというものである。個人と社会との共生的な関係を前提
として、個人と集団の相互作用を促すことにより、社会システムの一員として
メンバーの発達を支え、促進させることをねらいとしている。

ここでのグループワーカーは、「媒介する人」として、個人と社会の仲介に
あたるとともに、個人と社会間の不均衡な関係を矯正したり、予防する責任を
担っている。

以上のように、グループワークの理論体系が示されているが、実際の展開過
程においてグループワーカーが気をつけなければならないことは、これらは
別々のグループで行うことではないということである。確かに、モデルごとに
目的が違い、その点からはワーカーの役割がそれぞれ存在するが、個々のメン

バーの抱える問題や課題が多様化、複雑化する現代社会において、グループワークを用いて支援していくには、ある一つのグループの展開過程において、その場面ごとでワーカーは役割を変えることが求められる。ある場面では、影響力のある導く人として、メンバーに働きかけることが必要になるであろうし、あるときは、進んで介入することになる。またあるときは、さまざまな社会資源とをつなぐ媒介者としての役割を担うことになる。一つのグループの展開過程において、状況に応じて対応することが求められるということを認識してグループにかかわっていくことが大切である。

2．グループを構成する要素

（1）グループワーカーの役割

　前述した原則を念頭に置き、グループワーカーは、メンバーとグループ、そして、それを取り巻く環境に働きかけることになる。

1）グループワーカーの資質

　グループワーカーに求められる資質として、誰もが人間として平等であるという考えの下に、個々のメンバーの尊厳とメンバーの権利を擁護するために強い意志をもって社会に働きかけていくことである。そして、個性を尊重し、メンバーが自己実現を図れるように、メンバーを受容するとともに、メンバー一人ひとりをしっかり洞察する能力が求められる。そしてワーカーは、メンバー自身が自己決定できるようにグループの力を借りて支援していくのである。そのために、ワーカーは常に向上心をもち、鍛錬に努めなければならない。

2）グループワーカーの役割
①柔軟にリーダーシップを発揮する

　グループワーカーにまず求められることは、さまざまな要求や思いをもって集まった個人がグループとして機能するようにリーダーシップを発揮することである。あるときは自らが先導し、個々のメンバーが活発に活動（行動）できるように促すことが求められるであろうし、あるときは、グループの展開を見守り、必要であれば媒介役になることが求められる。グループがどのような過程で展開しているのかを、一緒に活動することで見極め、その役割を発揮していくことが大切である。

②メンバー同士をつなぐ

　個々のメンバー同士が互いに信頼関係を築き、よいグループ展開が行えるようになるまでには時間を有する。特にワーカーは開始期の段階において率先してメンバーとメンバーを結びつけるようにレクリエーションなどのプログラムを活用して進めていくようにし、また展開過程が進んでいくうえで生じる葛藤や対立などの場面では、メンバーに働きかけて問題解決にあたることが求められる。

③社会資源とを結ぶ

　ワーカーや個々のメンバーは人的な社会資源として、それぞれのメンバーにとって活用できる貴重な資源である。それぞれメンバー自身が社会資源となり得る貴重な存在であることを、さまざまな活動やプログラムをとおしてメンバー自身が認識できるように促すことが必要である。また、物的な資源や情報について、ワーカーが示唆し、グループワークの展開においてやメンバーの問題解決のために提供していくことになる。

④メンバーに対する相談支援を行う

　グループが機能していくなかで、個人がどのように自らの問題に気づき、解決していくことができるのか、ワーカーはグループを活用し、また社会資源やプログラムを活用し、メンバー一人ひとりに対して支援を行っていく。

　グループワークにおいて、ワーカーは、グループや個々のメンバー、そして周囲の状況に敏感になることが求められる。グループ展開でのプログラム活動をとおして、メンバーたちはそれぞれの思いや感情を言葉や行動、態度に表してくる。その言葉や行動、態度を見過ごさない、聞き逃さないようにすることが大切である。

（2）大きさと人数

1）グループの大きさ

　目的に適したグループの大きさを決定することが求められる。一般的には、大きなグループは多くの情報を得ることに優れており、小さなグループでは個々のメンバーの参加度が増し、満足が得られやすいといえる。

　ハートフォード（Hartford,M.）は「メンバーがグループ過程に参加して変化していくためには、メンバーが相互に相手の言い分を理解し、貢献し合っていくとともに、他者からの働きかけによって、自分の信念や行動が衝撃を受けるぐらいに、小さなグループでなければならない」と述べている[5]。

2）人　数

　グループワークで活動する人数は、4人〜20人ぐらいといわれている。グループとは、2人以上の構成メンバーから成り立ってはいるが、少ない人数だと相互作用の働きが少なく、グループの変化が見えにくい。また、多すぎる人数だと、個々のメンバーの理解や変化を見ることが難しくなっていく。目的に応じて、ワーカーをはじめ、メンバー同士が顔と名前が一致できるぐらいの人数が好ましいといえる。しかし、大切となるのは、人数ではなく、グループの構成にあるともいえる。小集団の特性を考え、メンバーの年齢、社会的発達や対人関係能力の程度を考慮し、グループワークの目的などをふまえ、グループの構成を考えることが大切である。

3）開かれたグループ、閉じられたグループ

　グループの大きさにも関係してくることであるが、カルチャースクールや短期で行われる講習会などは、開かれたグループとしてメンバーの入れ替わりがあり自由にグループへの参加が行える。その分、多くの情報収集が可能であり、新しい刺激であふれ、グループ活動の活性化につながるかもしれないが、グループとして強い人間関係を築くことは難しく、メンバーやグループの成長を見ることはできない。

　その一方、閉じられたグループはメンバーが固定され新しい刺激はないかもしれない。だが、メンバー同士の信頼関係が生まれ、お互いの成長発達を見ることができ凝集性につながる。

4）サブグループ

　グループは特に人数が多くなると、何人かのサブグループを形成する習性がある。また、ワーカー自らがサブグループを組織し、全体の掌握を行う場合もある。このサブグループの形成は、時にサブグループが全体を統制するほどの力をもってしまい、本来のグループに脅威を与えることになるかもしれない。しかし、このサブグループを上手に活用することで、大人数のグループにおいて、その掌握に努めることができ、さらにはメンバーの帰属意識が高まりグループの活性化につながることにもなるので、恐れずサブグループを活用できるような体制を組織することが必要である。

（3）時間（期間）

　グループワークに費やす時間（期間）については、組織での取り決めや、グ

ループワークが開始される前に設定されていることがあるが、設定期間が長くなればなるほど、メンバーの参加意欲に波が表れてくる。グループの展開過程に問題がある場合もあれば、メンバーの関係性の問題もあり得る。一人でも参加者の意欲が低下することでメンバーに大きな影響を与えることになるので、ワーカーはメンバーの内面的な感情や行動に十分注意を払うことが大切である。数名のメンバーに負担が偏らないように、全メンバーが参加できる時間設定を行い、約束事としてメンバーに促すことが必要である。

　また、ワーカーはメンバーとともに（一緒に）行動することが求められる。どのような位置にワーカーがいるかは、目的やプログラム展開によって異なってくるが、協働することで、グループに何が起こっているのかを確認することができる。メンバーの声に耳を傾け、メンバー間の相互作用やメンバーの変化に気づき、ワーカーが行う支援に結びつくこととなるので、その点はしっかり認識しなければいけない。

（4）場面設定・環境づくり

1）雰囲気づくり
　まずは、アイスブレークとしてレクリエーションなどを導入して、メンバーの緊張を和らげる。

2）場所
　グループでの集まりを行う場所は、人数やプログラム内容に応じて、室内、屋外、施設の利用などさまざまである。時には場所を変えるなどして変化を与えたほうが新鮮な気持ちとなり、活動への意欲が高まることにもなる。
　だが、何らかの障害がある人にとっては、場所が変わることで、精神的に不安になり、プログラムに影響を及ぼすことになる。参加者の状態やその日の状況に応じた判断をすることが大切である。

3）座席の体系
　座る位置にもさまざまな体系がある。円形、楕円形、講義形式などであるが、そのなかでワーカーの位置はどこか、そのときの活動内容やプログラムによってどのような体系がよいのかを考える（図8－1）。

図8−1　グループワーカーの位置

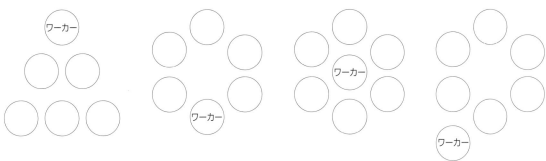

4）照明・音楽

　前述の雰囲気づくりと関連していえることであるが、緊張を和らげるためや話しやすい状況をつくるために、照明や音楽などを有効に使う。また、飲み物やお菓子などの準備もその効果となる。

（5）プログラム

　グループワークにおいて、グループ活動がうまく機能するためにプログラムを活用することが重要である。準備段階においてワーカーは、グループがどのような展開になるかを予想し、あらかじめいくつかのプログラムを準備しておくことである。一概にプログラムといっても、メンバーの雰囲気やそのときの状況など、よい展開ができる場合もあれば、できない場合もある。幾度もの体験をとおし、メンバーのそのときの状況の把握の仕方やプログラムの展開方法などについて、ワーカー自身が学習を行い取り組む必要がある。

（6）言　語

1）3種の言語

　日常生活のなかで、私たちは多くの場合、言葉をとおしての言語的なやり取りで物事を伝えている。だが、人が物事や自分の考えを伝える場合、非言語といわれる表情、態度、声の調子、しぐさや、また表情や態度だけではなく、器官から自然に出てくる汗や涙などの身体をとおしてその意思を伝えている場合がある。人が自分の意思を表す伝え方は、言語ではなく、表情や態度、また器官から自然に表わされる非言語のほうが格段に多いといわれている。

　言葉ではうまく伝えきれないことが、無意識に行動や態度、表情に表れていたりする。言語だけでないその表情や態度などを見過ごさず、個々のメンバー

の思いを理解していくことが大切である。

2）沈　黙

　特にグループでの話し合いなどの場面で、開始したばかりのグループでは、お互い警戒心が強く、言葉を発するメンバーも少なく、沈黙の場面がよく見られる。この場合、ワーカーとしては、メンバー同士の相互関係を促進するように助言などを行い、少しでも活発な話し合いができるように働きかけることになる。

　経験の浅いワーカーであればなおさら、沈黙が続くことで動揺してしまい、次々に言葉を発してしまう。

　しかし、時にはこの沈黙が今後のグループワークの展開に重要な役割を担うことになるかもしれない。この沈黙は、メンバーに考える時間を与えているのと同時に、考えを整理する時間にもなる。ましてや話し合っている内容が複雑であったり、深刻なものであればあるほど、メンバーの発言には大きな意味をもつ。そのことを念頭に置き、沈黙を恐れず、待つ姿勢を大事にすることである。ただ、いつまでも沈黙が続く場合は、働きかけが必要となる。そのタイミングをワーカー自身がさまざまなグループワークの経験によって身につけるようにすることが必要である。

（7）グループの効果

　メンバーは、グループワークを行っていくうえで、さまざまな価値をもっている他のメンバーとの接触をとおして、自分についてふり返り、理解を深めるとともに、自分の行動を変えていくことがしばしば見られる。それは、少しの自信となり得るものかもしれないし、社会規範としてよい方向へ導くものであるかもしれない。グループワークを行うことは、次のような効果につながる。

1）観察効果

　メンバーの行動を見たり、発言を聞いたりすることで、自分についてふり返り、考え、自分自身の問題を発見し、さまざまな角度から物事をとらえるようになることができる。

2）普遍化

　自分だけが特別な考えや性格の持ち主というのではなく、他のメンバーも同じような問題や考えをもっていることを理解し、安心したり自信につながった

りするとともに、広い視野で物事をとらえ、自分の問題や悩みを解決しようとする。

3）受　容

メンバー同士によって、あるいはワーカーによって、お互いを尊重しあい、共感し、受け入れ、受け入れられることにより、グループのなかで安心感を抱き、自分の思いや考えを伝え、表現できる。

4）利他性

メンバー同士が支援者となる。メンバー同士がお互いを励ましあい、応援し、理解し、助言するようになる。

5）現実吟味

安全な集団であることを前提に、何が起こるのか、どんな発言が飛び出すかわからない集団のなかで、自分の行動や発言、考えを表現し、それを試しながら、日常の社会生活における対人的な関係や行為について学ぶことになる。

6）換　気

受容的なメンバー間の雰囲気のなかで、抑圧されている感情や考えが解放され、自分について表現することができ、情緒的な緊張がほぐされる。

（8）役割を与える

ワーカーは、グループを構成しているメンバーに何かしらの役割を与えることが必要である。ワーカーは個々のメンバーがもっている能力を引き出すために新しい経験をさせるように促す。また、それによってメンバーは、自信となることはもちろん、役割を担っていることで、自分自身の存在意義を確認することにもなる。それぞれが役割を担い、それがうまく協働することでグループが機能するという体験をとおしてメンバー自身が学び考えていく。ワーカーは役割が特定のメンバーに偏らないように、全メンバーが役割を担えるように配慮し、それぞれの役割をしっかり評価することが求められる。

3．グループワークの基本原則

（1）グループワークの14の原則

　グループワークを行ううえで、ワーカーが支援する際の原則について、コノプカ（Konopka, G.）の14の原則[6]を述べるとともに、そのなかでグループワークにおいて固有の原則を取り上げることにする。
①メンバーの個別化
②グループの個別化
③受容
④ワーカーとメンバーの意図的な援助関係
⑤メンバー同士の協力関係を促進
⑥必要に応じたグループ過程の修正
⑦メンバーの能力に応じた参加を奨励し、能力の向上を援助
⑧問題解決過程へのメンバー自身の関与
⑨葛藤解決の経験
⑩新しい諸経験の機会
⑪制限の活用
⑫プログラムの意図的活用
⑬継続的評価
⑭グループワーカー自身の活用

（2）グループワークの原則について

1）「メンバーの個別化」と「グループの個別化」

　メンバーとグループと両方の「個別化」がある。メンバーを一人の個性ある人間として認めると同時に、グループとしてもそれぞれ独自の特色あるグループとして存在するということを認識しておかなければならない。

2）「参加・協力の原則」

　グループワークはメンバーの参加がなくてははじまらない。グループ活動に参加することで、相互作用が生じ、メンバーの成長につながり、目的・目標達成へと進んでいくのである。グループへの参加意欲をメンバー同士が協力して高めあえるようにワーカーは働きかける。また、メンバー自身の関心や能力に

応じたプログラムなどを計画し参加できるように働きかけていくことも重要である。

3）「葛藤解決の原則」

自分とは違う考え方や価値をもっている者同士が集まると、何かしら意見の衝突が起こったり、自分の意見を受け入れてもらえないという内面的な部分で苛立つ感情を抑えたり、参加の意欲が低下したりする。「葛藤解決の原則」とは、相互作用のなかで生じる衝突や葛藤が起り得ることや個人の内面的な葛藤について解決を促すという原則である。

4）「経験の原則」

グループでのプログラム活動をとおして、メンバーはさまざまな経験をすることになる。目標に向かってメンバー同士で取り組むことや成し遂げることは、一人ではできなかった達成感や充実感を養い、自信となり、個々のメンバーやグループの成長発達を促す。仲間意識や帰属意識が生まれ、自身の存在意義を認識するとともに、次の活動への意欲となる。多くの活動を経験できるようにワーカーはプログラムを構成したり、メンバーに促したりすることが求められる。

5）「制限の原則」

メンバーやグループの主体性や自主性、行動については「受容の原則」を考えると、受け入れることが重要になってくるが、グループとして活動している以上、一人ひとりのメンバーの無条件的な許容は必ずしもできない場合がある。ワーカーは、グループ展開が望ましい方向に進んで行くように、また、メンバーが有意義な活動を行えるように、必要であればメンバーの行動や態度、グループの規範において、ある程度の規制や制限を行わなければならない。また、設定した目的や目標とは大幅に違う方向に向かっていたり、メンバーやグループに危害を及ぼす場合なども、それを阻止・制止することに努めることが必要である。

6）「自己活用の原則」

ワーカー自身を社会資源の一つとして活用するということである。ワーカーとメンバーの関係は、どうしても支援する側、される側といった関係が生じることになるが、一メンバーとして一緒に活動することで、メンバーにとってワーカーの活用がよりよい支援につながることを期待するものである。ただし、た

だメンバーと活動するだけでなく、状況を見て必要な支援を行うということを認識しておかなければいけない。

4．グループワークの展開過程

グループワークの展開過程（4段階）をとおして、グループワークの過程やその場面でのメンバーの内面的な表れを見ていくことにする。

（1）準備期

まず、グループワークをはじめる前にグループの目的（何のために行うのか）と目標（どのような状態をめざすのか）を設定し、問題や課題を明確にしておく。不安や緊張を伴いやってくる個々のメンバーの問題や欲求を正確に把握し、メンバーに対してワーカーが"波長合わせ"*3を行っておく。メンバーの情報を収集し、支援を行うにあたって、個別的な対応とグループワークを調和させるように考えておく必要がある。また、グループを円滑に展開できるように周囲の環境を整え、社会資源の確認や施設・機関や専門職関係者との間で目標や進め方などのすりあわせを行い、合意を得ておくことが求められる。必要であれば、メンバーと事前に予備接触を行い、グループ形成のための準備とする。そして、初回に向けて人数や出席者の確認を行っておく。

*3　波長合わせとは、個々のメンバーの状態や課題などについて事前に把握しておくことである。配慮を要する点や、不安や緊張について情報を収集しておくことで、メンバーは安心してこれから始まるグループワークに参加できることになる。

（2）開始期

ここではじめてメンバー全員が顔をあわせ、グループワークの展開が開始される。自己紹介を行い、メンバーがグループワークにスムーズに入っていけるような雰囲気づくりを行う。そして、ワーカーの支援過程が開始される。

ワーカーは自分自身の役割や所属機関について明らかにし、活動上における基本的な約束事やグループワークの目的や目標（ゴール）について説明を行う。これを「契約」という。この契約を行うことで、メンバーは不安や疑問が解消され、今後のグループ展開への理解が促進される。そして、ワーカーは、メンバーとともにプログラム活動の計画を立案していく。

また、メンバーにとっては、はじめての会合で不安や緊張をともない、ワーカーやはじめて出会うメンバーに警戒心をもっている。ワーカーはメンバー同士の凝集性を促すように働きかけ、早い段階でグループが形成されるようにす

ることが求められる。

（3）作業期

　具体的にグループ展開が行われる時期であり、ワーカーはメンバー個人を理解する時期となる。グループでの活動（作業）をとおして、メンバーの個性や抱えている問題や背景について、それぞれの目的や参加意欲、興味や関心事など、言動や態度から確認をしていく。また、ワーカー自身がメンバーとの信頼関係を形成するとともに、「媒介者」としての役割を果たすべく、メンバーとメンバーとを結びつけ、お互いが相互関係を築けるようにしたり、他の所属機関や関係者に働きかけ、相互援助システム*4の形成（内部媒介と外部媒介）*5を図る。

　また、プログラム活動を行っていくうえで、期間を長く設定していればいるほど、メンバーの参加意欲が低下し、何かしらの問題が生じてくる。ワーカーは参加に向けての動機づけを高めるようにするとともに、目的や目標の設定、立案したプログラム内容について再確認し、必要であれば見直しを行い、メンバーへの合意形成を図ることになる。

　この時期、同じ目的・目標に向かって協働していくなかで、メンバーはさまざまな葛藤を経験し、自分についての理解を深めていく。自己開示を行い、他のメンバーを受け入れるとともに、メンバー間では凝集性が芽生え、「われわれ感情」*6が強くなっていく。だが、この凝集性*7にともない、少数意見が無視されることにもなりかねない。ワーカーはこの点を注意して、少数意見あるいは一人の意見にしっかり耳を傾け、グループ活動に反映させるように努めることが大切である。そして、個々の成長や発達を見逃さず、評価するように心がける。

　プログラムが進んでいくと、当初の目的や目標設定にとらわれ、無意識に時間だけに追われていたりすることがよくある。ワーカーは常に冷静に物事をとらえ、一人ひとりのメンバーの理解に努めるとともに、機械的な働きをしないように注意することが大切である。

（4）終結期・移行期

　目標を達成した場合や予定期間となった場合、あるいは効果が期待できない場合に支援関係は終結となる。ワーカーはメンバーと一緒にこれまでの活動をふり返り、はじまりからの集団活動を評価し参加の意義を明確にする。また、

*4　相互援助システムとは、グループワークをとおしてメンバー同士がお互いに援助し合おうとする力が働いていく。ともに活動する中で、自らの問題やメンバーの問題に気づき、快活しようとメンバーが協力し問題解決に取り組んでいくことになる。

*5　内部媒介とは、グループのメンバーとメンバー、メンバーとグループというグループとメンバーの関係を結びつけるものであり、外部媒介は、個々のメンバーやグループと他の関係機関などの社会資源を結びつけるものである。

*6　われわれ感情とは、グループのメンバーがもつ仲間意識や一体感のことである。一つの目標に向けてグループが展開過程を進むなかで、お互いに信頼関係が芽生え、それまでの「私」と「あなた」いう関係から「私たち」「われわれ」の関係へと言動のなかで無意識に表れてくるようになる。

*7　凝集性（グループの凝集性）とは、グループのまとまりのことである。レヴィン（Lewin,K.）が用いはじめたグループ・ダイナミックスの主概念で、メンバーをグループに引き止めるように作用する総合的力動のことである。

157

終結への不安をわかち合ったり整理を行ったりすることで、次の活動や経験、生活にスムーズに移行していけるように支援していく。

　そして、これまでの活動についての記録を整理し、グループの展開過程を評価するとともに次への課題とする。

5. セルフヘルプグループ

（1）セルフヘルプグループとは

　セルフヘルプグループとは、何らかの問題・課題を抱えている当事者本人や家族が構成しているグループのことである。自助グループや当事者組織と訳されて使われることもある。

　セルフ＝自分自身、ヘルプ＝助ける、という意味から、自分のことは自分でするということであるが、「自分自身」だけでなく、「私たち」というとらえ方で用いられ、自分一人で解決するのではなく、同じ悩みをもった境遇にある、または体験をもった者同士が集まり、相互支援を行い、問題解決をするグループ組織である。

　自分の悩みや体験を他者に語ることは、勇気がいることであり、問題が複雑であればなおさら、どのように伝えればよいのか、話をしてもわかってもらえないのではという思いが先立つ。

　しかし、同じ境遇や体験をもつ者同士だからこそ、共感し、わかち合い、問題解決に向けてどう進むことができるのか具体的に考える機会となり示してくれることになる。

　グループへの参加は自ら進んでというメンバーばかりでなく、無理やり参加を強要されることもある。そのような場合でも、非難されず温かく受け入れてくれる安心感や、同じ体験をもったメンバーと出会い、語り合えることでの解放感などを通して、自分自身や行動などを客観的に考えることにもなる。また、受け身であった自分が、他のメンバーに対して支援の手を差し伸べることになるのである。

　また、自身の体験を通して、物事の考え方やとらえ方、困難な状況での対処方法などが蓄積され、吟味することになる。そして、体験的知識として身についていくのである。

（2）ヘルパー・セラピー原則

　ヘルパー・セラピー原則とは、「支援をする人がもっとも支援を受ける」という意味であり、支援する者は誰でも支援の役割を担うことをとおして自らも助けられている、ということである。

　前述した、他のメンバーを受け入れることや体験談などの語らいを通して、自分自身のなかで整理を行い、客観的に見つめ直す機会となり、問題解決へと導かれることになる。

　セルフヘルプグループでの活動は、メンバー同士が支援し、支援されるという役割を担い、メンバー同士対等な関係のなかで運営されていく。

　専門職や専門機関の支援を求める場合は受けることができるが、当事者だけで展開される場合もある。

　支援者としてかかわる場合、メンバーの主体性を第一に考え、メンバーが依存することなく、問題解決に向けて進んでいけるよう助言や見守ることが大切である。また、当事者だけで運営がなされている場合は、中心になって活動するメンバーが偏ってしまい、他のメンバーは傍観者となっている場合や対等な関係でなく、あるメンバーが支配的に取り仕切ってしまうこともある。

　支援者としての役割は最小限にとどめながらも、運営にあたって確認を行い適切な助言を行うことが求められる。

【学びの確認】

①グループが持つ力や相互作用の働きについて整理してみましょう。

②グループを活用した支援展開の流れをまとめてみましょう。

③グループを活用した支援展開において、相互援助システムの形成や個々のメンバーの問題解決のために求められる支援者の役割をあげてみましょう。

【引用文献】

1 ）野村武夫『はじめて学ぶグループワーク』ミネルヴァ書房　1999年　p.20

2 ）同上書　p.20

3 ）同上書　p.21

4 ）大塚達雄・硯川眞旬・黒木保博編著『グループワーク論　ソーシャルワーク実践のために』ミネルヴァ書房　1986年　p.16

5 ）大利一雄『グループワーク－理論とその導き方－』勁草書房　2003年　p.52

6 ）同上書　p.47

【参考文献】

大塚達雄・硯川眞旬・黒木保博編著『グループワーク論　ソーシャルワーク実践のために』ミネルヴァ書房　1986年

大利一雄『グループワーク　理論とその導き方』勁草書房　2003年

岡本民夫・小田兼三編著『社会福祉援助技術総論』ミネルヴァ書房　1990年

川田誉音編『グループワーク　社会的意義と実践』海声社　1990年

ケニス・E・リード著、大利一雄訳『グループワークの歴史　人格形成から社会的処遇へ』勁草書房　1992年

北川清一・相澤讓治・久保美紀編、川村隆彦著『ソーシャルワーク・スキルシリーズ　グループワークの実際』相川書房　2004年

黒木保博・横山穰・水野良也・岩間伸之『グループワークの専門技術—対人援助のための77の方法—』中央法規出版　2001年

社会福祉士養成講座編集委員会編『8　相談援助の理論と方法Ⅱ』中央法規出版　2009年

武田建・大利一雄『新しいグループワーク』YMCA出版　1980年

トム・ダグラス著、渡辺嘉久・杉本敏夫監訳『ベーシック・グループワーク』晃洋書房　2003年

野村武夫『はじめて学ぶグループワーク』ミネルヴァ書房　1999年

H.B.トレッカー著、永井三郎訳『ソーシャル・グループ・ワーク　—原理と実際—』日本YMCA同盟出版部　1978年

A.H.カッツ著、久保紘章翻訳『セルフヘルプ・グループ』岩崎学術出版社　1997年

保田井進・硯川眞旬・黒木保博編著『福祉グループワークの理論と実際』ミネルヴァ書房　1999年

第9章 コミュニティワーク

【学びの目標】

コミュニティワークは、誰をも排除しない社会、ソーシャルインクルージョンをめざしていくために欠くことができない技術でもある。それは、草の根民主主義や住民自治の思想に依拠し、「住民参加」や「住民主体」を大切にしながら、ないものを創出し、ソーシャルインクルージョンへと変革していく実践である。本章では、コミュニティワークの目的や意義、特徴を学んだうえで、コミュニティワークを行うにあたり「地域」について理解する。さらに具体的な展開過程について理解することを目標とする。

① コミュニティワークの目的・意義・特徴について理解する。
② コミュニティワークを実践するにあたり、「地域」について理解する。
③ コミュニティワークの具体的な実践方法、展開過程について理解する。

1. コミュニティワークの意義と目的

(1) 助け合いのなかで生かされる私たち

何か困りごとがあったとき、私たちは制度、公的なサービスあるいは、それらに関係する専門家によって救済してもらうことができる。たとえば、勤務先が倒産し離職することになったり、病気で働けなくなったりして経済的に困窮することは誰にでも起こり得る。そのようなときには、雇用保険や傷病手当、生活保護等の社会保険をはじめとした社会保障など、公的なサービスによって生活の継続を図るための支援が受けられる。しかし、困りごとのすべてがその方法、つまり公的なサービスで解決できるわけではない。

たとえば、登校拒否で引きこもってしまった子どもや一人暮らしで孤独を感じている高齢者に対してまで、社会保障制度の支援は及ばない。そこで、地域

のなかで居場所を提供したり、集いの場を開催するなど、公的な制度に依拠しない、住民による地域福祉活動が展開されている。また、ひとたび災害が起きれば、避難誘導であったり、避難所での生活でも住民同士の助け合いは必要である。つまり私たちは、気づかぬうちに周囲の人々や地域住民の「助け合い」のなかで生かされている。

家族は社会の助け合いシステムの最小単位ということができるが、単身世帯の増加にともない、その機能は弱くなってきている。次のレベルとして近隣の住民同士の助け合いとなるが、人々のつながりが希薄化しているといわれている現代社会においては、その前提となる"地域のつながりづくり"からはじめていくことが求められている。私たちはそのような"地域をつくっていくこと"（コミュニティワーク）の重要性を理解しておく必要がある。複雑化、多様化する生活課題やニーズ、そして人々が孤立化していく社会のなかで、連携・連帯、助け合いといったコミュニティワークの先に、私たちのめざす、一人ひとりが大切にされる社会、ソーシャルインクルージョンがある。

（2）コミュニティワーク

1）コミュニティワークとは

地域を対象としたソーシャルワークについてわが国では、地域福祉の推進団体である社会福祉協議会が、アメリカの「コミュニティ・オーガニゼーション」（地域組織化）を活用して展開してきた。その後、イギリスを中心に発展してきた「コミュニティワーク」（地域援助技術）が取り上げられるようになり、現在では、論者によりその枠組みに若干の違いはあるが、地域組織化を含め、「コミュニティワーク」という用語が一般的となってきている。

コミュニティワークは、「当事者、地域住民による地域生活課題の解決を目的として、地域活動の組織化や専門職等の関係者の地域への参加を進めることを支援する実践」である。具体的には、①誰も排除しない地域共生社会の形成を、住民自治による福祉のまちづくりとして進める、②当事者・地域住民の主体形成および地域の福祉力を高める、③直接的な地域の助け合いなどの暮らしに必要な資源や活動を創り出す実践といえる[1]。

つまり、多様性を認め合い、誰をも排除しないソーシャルインクルージョンをめざして、「住民主体」を「住民参加」により進めていくなかで、ときには社会資源を創出し、自分たちの暮らしを自分たちの手でよりよくしていこうとするものである。

コミュニティワークには3つの目標（①タスクゴール、②プロセスゴール、

③リレーションシップゴール）がある。①タスクゴールは、その課題が達成できたか、②プロセスゴールは、問題解決のプロセスを通じて、住民がいかに主体としての力がついたか、③リレーションシップゴールは、地域の団体、組織とどれだけつながり、その関係をより民主的で対等なものとなり、よい方向へ変えていくことができたかである。

　例えば、地域で住民による「一人暮らし高齢者の見守り活動」が開始されたとして、この活動が創出されることも重要なこと（タスクゴール）に違いないが、その見守り活動をつくり出すプロセスを通じて、住民自身が一人暮らし高齢者の問題に気づき、組織化され、話し合い、今まで出会わなかった組織の人とつながって協力しあったりしながら輪を広げていくなかで、他人ごとであった課題を「我がごと」としてとらえ、ついに活動として動き出すというプロセスや多様な主体との民主的な関係づくりが、地域の福祉力を向上させ、次なる課題を解決していく力にもなっていく。

　コミュニティワークは、地域のさまざまな人々や組織が主体となり、連携し、目の前の課題解決はもちろん、新たなソーシャルサポートネットワークを形成したり、社会資源を創出したり、そのプロセスをとおして住民の福祉力を高めていくことをめざすのである。

2）個別支援と地域支援の関係

　人は必ずどこかの地で生活を営み、生活上の困りごと（福祉課題）は地域の上で起きている。そして私たちの生活は決して自分一人だけで自己完結しないものである。その課題は、個人や家族だけで解決できるものばかりではなく生活にかかわるすべての環境、つまりその人と周りの人や地域社会と相互に影響を与え合っている。特にいわゆる「制度の狭間」といわれる公的なサービスが及ばない問題については、当事者だけで解決するには限界があり、周囲を巻き込み、地域住民や関係機関（専門職）をはじめ、地域のあらゆる人々・組織が協働して解決していく必要がある。

　個別支援と地域支援を一体的にとらえる考え方は「コミュニティソーシャルワーク」としてイギリスのバークレー報告で提唱され、日本においても発展してきた。人々の地域での自立した生活を支援していくことを目的に、個別の課題を地域課題へとつなげて普遍化し、地域づくりを展開する。それにより地域の福祉力が上がり、それがさらなる個別支援につながってゆくのである。「個を地域で支える支援」と「個を支える地域をつくる支援」を一体的に推進する「地域を基盤としたソーシャルワーク」といえる。

　コミュニティワークにおいても、住民一人ひとりの「個を支える」視点を常

に意識し、つなげていく実践が求められる。

3）コミュニティワークの特徴

　コミュニティワークの特徴をここでは6つに整理して述べる。

　一つ目はその「主体が住民であること」である。個別支援であれば主体は「本人」や「当事者」であるが、コミュニティワークは「住民参加」を重視し、「住民」が主体者として位置づけられる。さらに、その住民というのは決して一人を指しているわけではない。課題を抱えた当事者だけでなく、それを支援したい人であったり、消極的な人、全く無関心な人、個人の場合もあれば組織（企業や行政も含む）の場合もある。地域という同じ土壌で、実に多様な人と組織が主体となる。

　二つ目は、「組織化と協働」である。地域の課題解決のために、ときにはグループワークの技術を活用し新しい組織をつくったり、既存の組織と組織をつなげ、新しい協議体をつくったりしながら、人々が地域のなかで連帯し、協働していけるよう援助していく。特に組織と組織をつなげ、新たな共同体をつくっていくダイナミックな動きはコミュニティワークならではの醍醐味と言える。

　三つ目には、「創出と変革」である。地域にない、しかし必要な社会資源を「ないなら私たちがつくる」と地域のさまざまな主体とともにつくり出していく。住民同士が自由な発想で協働しながら、新しい活動やネットワークなどをつくり出す。何かを誰かとともに生み出す。さらに、それは地域を変える（変革）ことにつながっていく。

　四つ目は、「ストレングスの視点」である。むろん、ソーシャルワーク全般にストレングス（強み）の視点は重要であるが、特にコミュニティワークには欠くことができない。先ほどの「創出と変革」を実施しようとするとき、必ず、住民一人ひとりの、あるいは地域全体のストレングスが必要となる。住民一人ひとりに何ができるのか、地域にはどのような社会資源があり活用できるのか、これらのストレングスを前提に、コミュニティワークを実践していくことになる。さらには創出されたもの、変革されたことがら、それら自身もその後の地域のストレングスとなる。

　五つ目は、「予防的」である。個別支援は、すでに起きてしまった生活課題に対してどう解決するかを考えていく。しかし、コミュニティワークでは、もちろん同様の場合もあるが、予防的な福祉を実践することができる。例えば、孤独死が自分たちの地域で起きたならば、孤独にならないような「ふれあい・いきいきサロン」[*1]や配食サービスなど活動プログラムを考え実施していくことで、今後自分たちの地域で同じことが起きないように予防することができる。

また、大規模なマンションが建設される予定があり、若い世帯が増えて子どもの数も増えることが想定されれば、数年後に起きる子育てに関する地域課題も予想できる。そこで事前に子育て支援の活動に取り組むなど、予防的な観点から地域福祉実践に取り組んでいくことで、一人でも多くの住民が生活課題を抱えずに済むよう未然に防ぐことができる。コミュニティワークは未来をつくるソーシャルワークと言える。

　六つ目は、「住民によるコミュニティワーク」である。「住民主体」「住民参加」の根底には、自分たちの暮らしを自分たちで考え、よりよくしていこうとする草の根の民主主義や自治の意識がある。自らの意思でボランティアとしてかかわり、ソーシャルインクルージョンをめざして社会をよりよく変えていこう（社会変革）とするものである。したがって、後にあげる展開過程もコミュニティワーカーが行うプロセスというよりも、ワーカーは住民の主体形成を支援しながら、住民が地域づくりのプロセスに主体としてさまざまな形で参加できるよう、コミュニティワーカーは陰になり（ときには日向になることもあるが）下支えしていくことが役割である。コミュニティワーカーが地域をつくるというよりは、住民自身が当事者としてが地域をつくる、その協働者であり支援者がコミュニティワーカーということになる。

　また、これらを実現していくためには、住民一人ひとりが個別の課題を「他人ごと」として捉えるのではなく、「我がこと」として捉えることが必要で、地域の課題解決はもちろんのことではあるが、そのプロセスのなかで、どれだけ住民自身が当事者意識をもって手を取り合い、我がこととしてとらえ、主体的に地域の福祉にかかわり参加することができたか。そして地域社会をどれだけよい意味で変革できたか、つまり先述のプロセスゴール、リレーションシップゴールが問われるのである。

　そのためには人々が出会い、つながることや学ぶことが重要となる。

4）3つの実践モデル

　表9−1は、ロスマン（Rothman, J.）により提示された「小地域開発モデル」「社会計画モデル」「ソーシャルアクションモデル」の3つのモデルである。その後これにいくつかのモデルが加えられているが、この3つのモデルが最も広く知られている。

　「小地域開発モデル」は、伝統的なコミュニティ・オーガニゼーションのモデルで、目標の設定や活動において、コミュニティの住民の多くが参加する過程のなかで住民の解決力の養成を重視する。「社会計画モデル」は、効率的かつ公平な分配に関心を置き、課題解決志向で社会問題の解決のための専門的な

表9−1　コミュニティ・オーガニゼーション　3つのモデル

		モデル A 地域開発	モデル B 社会計画	モデル C ソーシャル・アクション
1	コミュニティ活動の目標	自助：コミュニティの活動能力や全体的調和（プロセス・ゴール）	基本的なコミュニティの諸問題に関する問題解決（タスク・ゴール）	権力関係や資源を移行させていくこと：基本的な制度上の変革（タスク・ゴールかプロセスゴール）
2	コミュニティの構造や問題状況に関する仮説	コミュニティの喪失、アノミー：関係や民主的な問題解決能力の欠落：静態的な伝統的コミュニティ	基本的な諸社会問題、精神衛生や身体上の健康問題、リクリエーション	不利な立場に置かれた人々、社会的不正、剥奪、不平等
3	基本的な変革の戦略	人々が自身の問題を決定したり、解決していく行動に広範に連帯していくこと	問題についての事実の収集や、最も合理的な活動の順序を決定していくこと	論争点を定形化したり、人々が敵対目標に対して行動を起こすように組織化していくこと
4	特徴的な変革の戦術と技術	合意：コミュニティの諸集団や諸利益の間の相互交流：集団討議	合意またはコンフリクト	コンフリクトまたは闘争：対決、面接行動、交渉
5	特徴的な実践家の役割	触媒としての助力者、調整：問題解決の技術や倫理的な価値観についての教育者	事実の収集者と分析者、事業推進者、促進者	運動家−弁護者、煽動者、仲介者、交渉者、パルチザン
6	変革の手段	課題を志向する小集団を操作すること	公的組織やデータを操作すること	大衆組織や政治過程を操作すること
7	権力構造に対する志向性	権力構造のメンバーは共通の活動における共同者である	権力構造は雇用者であり、依頼者である	権力構造は活動の外側にある目標物：攻撃され、破壊されるべき圧制者
8	コミュニティのクライエント・システムまたはクライエント集団の範囲	地理的コミュニティ全体	コミュニティ全体またはコミュニティの一部分（機能的コミュニティを内包した）	コミュニティの一部分
9	コミュニティの構成員間の利害に関する仮説	共通性のある利害または調停可能な相違	調停可能な利害または葛藤状態にある利害	容易に調停されえない相互に葛藤している利害：乏しい資源
10	公益の概念	理性的で同質的な観方	合理主義的で同質的な観方	現実主義的で個人主義的な観方
11	クライエント集団の概念	市民	消費者	被害者
12	クライエントの役割についての概念	相互作用的な問題解決過程への参加者	消費者または受給者	雇用者、任命者、仲間

出典　Rothaman, J., Three Models of Community Organization Practice, *Social Work Practice*, 1968
　　　高森敬久・高田眞治・加納恵子・平野隆之『地域福祉援助技術論』相川書房　2003年　p131

技術で合理的かつ慎重に計画され、統制された変革をめざす。「ソーシャルアクションモデル」は、社会主義や民主主義の理念に基づき、連帯や組織化を重視する。搾取された人々が自らの権利回復のためのより広域なコミュニティに対して社会行動を起こすことで、制度など社会を変革していく実践モデルである。

　これらのモデルは、実際には必ずしも明確に分かれるものではなく、その時々の状況により選択したり統合して活用することになる。

２．「地域」を理解する

（１）地域の全体像（要素）

　コミュニティワークを行うには、まずその対象である「地域」について理解しておく必要がある。では具体的にコミュニティワーカーがいう「地域」とは何を指しているのだろう。昔は住まう場所が限定されていたり、交通が未発達で移動が限られていたり、農業や商店など自宅と働く場がほぼ同じであった。しかし、現代社会は職と住は分かれ、日常的に広範な移動が行われ、昼夜の人口も違う。このようにそれぞれの地域において、その住民を多義的にとらえる必要がある。このことは、地域アセスメント（地域診断）の対象と直結し、何を地域の主体や社会資源とみるかということにもつながり、住民あるいは地域を広く多角的にとらえることでコミュニティワークの可能性は大きく広がる。

　ここでは地域の要素として、大きく４つの項目に整理して述べる。
①関係（ヒト）：インフォーマル、フォーマル含めた近隣や地域の人間関係
②物財（モノ）：福祉施設や学校、病院などのハード面
③意識（ココロ）：地域や住民への認知や愛着、帰属意識や一体感、参加意欲
　等の人々の心のなかに横たわる地域に対する意識
④行事（イベント）：お祭り等のように共に何かを成し遂げていったり、問題
　を解決や交流していく活動や運動で共同性の基盤をつくる[2]
　以上の４つの項目である。
　このように、私たちは、地域に病院がいくつあるか、どのような福祉施設があるかなど、目に見えるハード面に気をとられがちである。しかし、地域とは目に見えないソフトの部分も大きな要素として成り立っている。

（2）地域における「圏域」

　ひと口に地域と言っても、その文脈によって「向こう三軒両隣」くらいの範囲を指している場合もあれば、もっと大きな、市町村あるいは都道府県の範囲を指している場合もある。その圏域にはそれぞれに特徴があり、分断できるものではなく、つながったものとして一体的、重層的にとらえる必要がある。

　図9－1は、「圏域」（エリア設定）という視点で地域をとらえたモデル図である。

　1層は、自治会・町内会の組・班など最も基礎的な範囲で、要支援者の発見や見守り、災害時における最も身近で最も日常的なつながりや助け合いの範囲である。2層は、自治会・町内会の範囲で、防犯・防災の活動や民生委員活動、ふれあいいきいきサロン活動などを行う。3層は、学区・校区の範囲で、公民館など住民自治活動の拠点となるような施設などを中心に、専門職も入りながら、住民同士の情報交換や活動計画の策定などによる住民参加が行われる。4

図9－1　重層的な圏域設定のイメージ

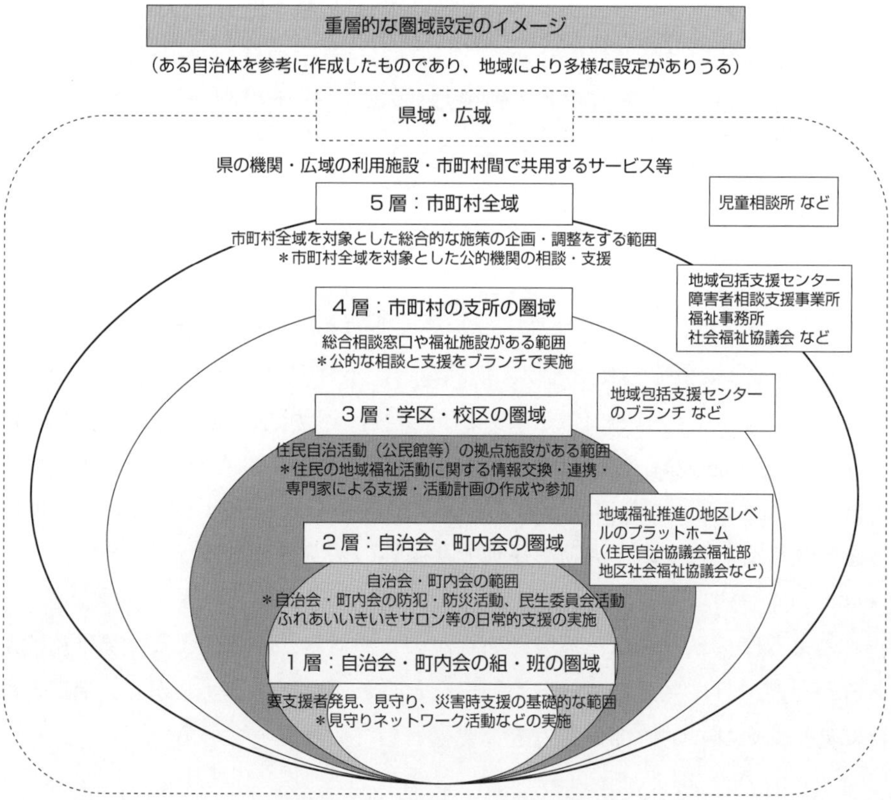

出典　厚生労働省『これからの地域福祉のあり方に関する研究会報告書』2008年

層は、市町村をいくつかに分けた支所のレベルで、公的な総合相談窓口や福祉施設もこの単位で設置される。5層は、市町村全域のレベルで全市的な計画や施策が企画・実施される。そしてさらにその上には都道府県という広域な圏域があり、複数の市町村により共用する内容のものがここにあたる。また、地区社協や地域包括支援センター、福祉事務所、児童相談所など、圏域ごとにそれぞれ見合った公的な機関が設置されていくことになる。

　実際の設定には人口、歴史、産業、地理的な問題、社会資源の状況等を考慮しながらその地域に応じた圏域設定が考えられる。

　圏域はそれぞれを分断するために設定するものではない。圏域間の相互のやりとりができることが重要となる。

　それぞれの圏域に適した活動やサービス、施策があり、それらが途切れることなく重層的に折り重なることで、膠着しがちな制度・サービスを、社会資源の開発も含め、より柔軟に対応していくことができる。すなわちもれがなく、効果的に福祉を発展させていくことができるのである。特に、住民が中心となった活動は、1層から3層の小学校区ぐらいまでの「日常生活圏域」でコミュニティワークの中心的な展開圏域となる。コミュニティワーカーは、どの圏域にどう働きかければよいか、包括的にイメージしながらアプローチしていくことが重要となる。

（3）地域の担い手と組織

1）担い手としての住民と専門職の多様性

　図9-2は、地域のなかでどのような人々、組織が地域福祉に携わっているかを表している。これがすべてではないが、多様な人々がかかわっていることはイメージできる。

　地域のなかで住民は、相互に助け合う関係で、その立場はその時々で変化するが、福祉課題を抱えた個人としての住民とそれを支援する住民や住民組織がある。さらに住民だけではなく、福祉の専門職や組織もある。図9-2では、そのかかわり方として、住民、専門職にかかわらず福祉課題を抱えた人を直接ケアをする人・組織と、オーガナイズ・コーディネートという軸で表現されるコミュニティワークを行う人・組織などが、それぞれの役割を果たすことで成り立っていることを表している。

　特に地域でコミュニティワークを行うことを目的とした組織としては、社会福祉協議会（社協）があげられる。なかでも各市町村社協に配置されている福祉活動専門員は、コミュニティワーカーの専門職として位置づけることができ

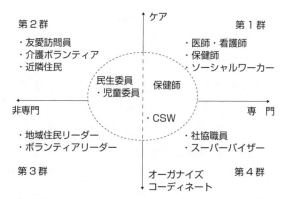

図9－2　地域福祉の担い手

出典　上野谷加代子「Ⅵ-1地域福祉の主体・担い手」上野谷加代子・松端克文・永田祐『新版　よくわかる地域福祉』ミネルヴァ書房　2019　p.91

る。しかし、福祉活動専門員だけがコミュニティワーカーなのではなく、図のとおりさまざまな組織、専門職による実践がなされている。特に近年、社会福祉法人制度改革の流れのなか、施設内運営にとどまらず法人として地域への貢献が求められており、コミュニティワークを行う社会福祉法人も増えている。

　コミュニティワークは、地域のなかでこれらの多様な人々や組織をイメージし、つながっていくことが求められる。

2）組織の多様性
①当事者組織・セルフヘルプグループ（自助グループ）

　「認知症家族の会」「〇〇病友の会」など、同じ障害や病気などの課題を抱えた人たちが集い、当事者だからこそわかる共通の体験を語り合ったり、ともに分かち合い支え合う組織を「当事者組織」や「セルフヘルプグループ（自助グループ）」という。コミュニティワークにおいては、数の論理から、どうしても一般的な、誰もが共感しやすい課題が取り上げられがちになる。そのようななかで、一人の個人の声は小さくとも、当事者組織が組織化され活動主体となることで、自分たちの課題を代弁したり権利を擁護することにつながり、課題の解決に取り組んでいくことができる。

②地縁型組織とテーマ（アソシエーション）型組織

　地域組織には、大きく「地縁型組織」と「テーマ（アソシエーション）型組織」とがある。地縁型組織とは旧来から地域にある伝統的な組織で、町内会・自治会に代表される。それぞれの地域ごとに存在し、古くからその地域内での農業や生活維持の助け合い、祭り、土地の共同管理、防犯活動などを行ってきた。現代に至っても老人会や子ども会活動等、福祉に限らず、取り扱う内容は

限定されていない。地域のなかで住民がともに暮らしていくために必要なことを包括的に対象とする。行政の末端的な役割を担っているという側面もあり、地域の代表性を有している。このように、地域で重要な役割を担う地縁型組織だが、町内会・自治会への参加率の低下が近年大きな問題となっており、その限界も指摘されている。

これに対し、テーマ型組織はアソシエーション型とも呼ばれ、エリアに縛られず、ボランティアグループやNPO・当事者組織のように、あるテーマ（課題）のもとに集まった組織である。一般的にではあるが、地縁型は日常生活の延長線上でつながりづくりや助け合いをはじめとした一般化された課題には強いが、少数派の課題やまだあまり理解されていない先駆的な課題に対しては弱い側面がある。一方で、テーマ型は地縁型よりも柔軟で主体性が強く、少数派や先駆的な課題に取り組みやすい傾向にある。

③フォーマルとインフォーマル

地域で行われるサービスやサポートには、フォーマル（制度的）組織によるものと、インフォーマル（非制度的）組織によるものとがある。フォーマルなものは、制度や法律によって規定されていることから、手続きやその内容は一定の要件が決められており、専門職による専門性の高い支援や安定的な支援が期待できる。しかし、要件や条件を満たさない人に対して適応することは難しい。したがって、いわゆる「制度の狭間」の問題などには対応しにくい。一方、インフォーマル組織によるものは、ボランティアやセルフヘルプグループなど、制度的な基盤はフォーマル組織より脆弱にはなるが、法律や制度の縛りがなく、それぞれの組織の意思により先駆的で柔軟な対応が可能となる場合が多い。

その他にも、地域の課題をビジネスの手法を取り入れて解決しようとするコミュニティビジネス、ソーシャルビジネス、あるいは企業が社会的責任（CSR）として社会貢献を行うなど、地域社会にはさまざまな組織形態、活動形態がある。

このように、地域に存在する組織はそれぞれがその成り立ち、目的、組織形態等により特徴をもっている。現実にはお互いが相入れず協働できていないこともあるが、どれが良い悪いということではなく、それぞれ強み弱みを活かしあえるよう、ワーカー、当事者同士が理解し合い、連携・協働していくことが求められる。

3．コミュニティワークの展開過程

　コミュニティワークの展開過程は、表9－2のように表すことができる。段階としては、①活動主体の組織化→②問題把握→③計画策定→④計画実施→⑤評価の順に、らせん状に進んでいく。このプロセスで特徴的なのは、これまで述べてきたような問題を解決していくための主体となる「活動主体の組織化」が含まれていることである。また、どのプロセスにおいても「住民主体」とその「参加」が一貫して重要ポイントとなる。

　実際には問題を把握したことによってそれが動機づけとなり、その問題に見合った活動主体に声をかけ組織化していくといったように、問題把握→活動主体の組織化といった順になることもあるし、どちらが先というよりは一体的に実施されることも多い。

（1）プロセスに入る前の準備段階

　表9－2では、活動主体の組織化や問題把握を開始としている。しかし、実際に活動主体の組織化や問題把握をしようと思えば、その前提として地域との信頼関係が構築されている必要がある。住民の自由な意思に依拠する実践であることから、その関係性が良好であることは欠かせない。地域の福祉課題や地域の状況は、待っていて自然に入ってくるものではない。そのためには普段から積極的に地域住民のなかに飛び込み（アウトリーチ）、些細なことでも見逃さないようアンテナを張り巡らしたり、日常のさまざまな地域の行事や活動、話し合いの場に参加し、地域住民のなかに溶け込んだ関係づくりをしていく必要がある。特に地域のなかにあるフォーマル、インフォーマルを問わず多様な組織、特にそのリーダーとは、いわゆる「顔の見える関係づくり」、信頼されるに足る良好な関係を築いておくことが求められる。

　また、次のステップとなる活動主体の組織化を行っていくにあたり、専門職として基礎的な地域アセスメントも重要となる。

（2）活動主体の組織化

　地域の問題をともに考え解決していこうとする人々や組織を組み入れて新たな主体を組織する。この場合、前述した「地域」に対する理解が必要で、地域の人々や各組織の利害関係、組織の成り立ち、インフォーマルかフォーマルか、

表9－2　地域組織化プロセスモデル

段階	手順	内　　容	説　　　明
1．活動主体の組織化	1	・とりあげるべき問題に関連する機関や人びとを活動に組み入れる	・問題をかかえている人びと、問題解決の努力をしている人びと、関連する機関、専門家、団体にはたらきかけ、組みいれ、解決活動推進の主体を組織する
2．問題把握	2	・地域特性の把握 ・福祉水準、問題、および社会資源についての基礎的把握	・地域福祉推進にあたって、その地域の特性（気候条件、地理的条件、人口動態、産業構造、住民性、住民意識構造）を把握し、福祉問題の予測、問題の背景、住民の考え方、態度の特徴を明らかにしておくことが前提となる ・要援護者の実体、住民のかかえている福祉問題、福祉水準および社会資源（地域の諸機関、団体、専門家等）についての基礎的把握
	3	・社会的協働により解決を図るべき問題の明確化とその実態の把握	・既存資料の分析、新たな調査、活動、事業を通じての把握、専門家の判断等により社会的に解決を図るべき福祉問題を発見し、その実態について多面的に明らかにする
	4	・問題を周知し、解決活動への動機づけをおこなう	・広報、話しあい、福祉教育等を通して問題提起し、自覚化と共有化を図り、解決しなければならない課題として動機づける
3．計画策定	5	・解決活動動機に動機づけられた問題をより明確にし優先すべき課題を順序づけ推進課題の決定をおこなう	・問題の相互理解を深め、問題の深刻度、緊急度、広がりおよび住民の関心、地域や社会資源の問題解決能力、従来の活動や施策等の評価から何を推進課題として取りあげるか決定する
	6	・推進課題実現のための長期・短期の具体的達成目標の設定	・何を、どの水準にまで、いつまでに達成するのか、それは全地域を対象とするのか一部地域か、全員を対象にするのか一部か等を明確にし、長期・短期の目標として設定する
	7	・具体的実現計画の策定	・目標を実現するために誰が何を分担し、どのような資源を活用して実施するか、誰にはたらきかけるか、財政は、時期は、推進機構等を明らかにした、具体的実施計画を関係者の共同計画として策定する
4．計画実施	8	・計画の実施促進 　住民参加の促進 　機関・団体の協力の促進 　社会資源の動員・連携・造成 　社会行動（ソーシャル・アクション）	・広報、福祉教育推進等により動機づけや活動意欲を高め、住民参加・対象者参加を促進する。公私関係機関・団体・個人の連絡調整をおこない、計画実施のための協力体制を強化する ・問題解決に必要な社会資源の積極的な活用連携を図るさらに不十分であったり欠けている社会資源を新たに創設する。とくにその設置、制定が国・地方自治体等の責任をもって実施しなければ困難な場合、要望・陳情・請願などの社会行動をおこなう
5．評価	9	・計画の達成度、および組織化活動についての評価	・計画目標の達成度の点検、効果測定をおこなう ・活動の進め方、住民の参加、機関・団体の協力について評価する ・目標や計画そのものの評価をおこなう ・全過程の総括をおこない課題を整理する

出典　永田幹夫『改訂二版　地域福祉論』全国社会福祉協議会　2000年　p.193

地縁型かテーマ型か、圏域、組織内外の力関係など、その特徴が複雑に絡み合う。これらを勘案しながら、組織化していくことが必要となる。前述のとおり、信頼関係とともに地域アセスメントの基礎的な部分ができていることがコミュニティワーカーには求められる。

　組織化するにあたっては、地域に信頼される住民リーダーを最初に巻き込み、同じ住民として声かけをしてもらったりすることで、コミュニティワーカーだけではできないメンバーを招き入れることができる。リーダーを誰にするのか、メンバー同士の関係性や同じ方向を見据えて目標をもって向かっていく仲間としての意識、やりがいなど、組織化にはグループワークの技術や組織と組織の間で援助するインターグループワーク[*2]なども活用していく必要がある。

（3）問題把握

　ここでもっとも重要な点は、問題把握に当事者、住民が参加しているということである。地域を動かしていく主体はあくまで住民である。コミュニティワーカーだけが問題を把握したところで、住民にとっては他人事にすぎない。自分たちが自ら動き発見した課題だからこそ、我がごとと感じ、それを受け止めたときにはじめて住民は当事者として動き出す。そのきっかけの段階に位置するのが問題把握である。活動主体の組織化や計画の策定、実施に主体的に取り組んでいくためのモチベーションはここでつくられていく部分が大きい。

1）地域アセスメント（地域診断）

　アセスメント項目には、①地域特性（地理的状況、人口動態、地域の歴史、産業・経済、政治、文化、教育状況など）、②社会資源（社会資源の充足状況・連携状況、社会参加のための資源）、③地域生活課題、④地域住民の協同力などがあげられる[3]。

　①の地域特性を知ることは地域の課題の背景を理解するための前提データとして重要となる。また、地域のなかの組織間にはどのような力関係が働いているのか、普段からどのような連携が行われているのかなど、その関係性にも着目する必要がある。

　このように、地域を多面的にとらえ、包括的にそれぞれの地域の強み、弱み、さらには将来について見立てていくことが求められる。

　また、問題がある程度特定されている段階であれば、専門職として、類似する他の地域の状況やデータの提示など、住民が問題把握しやすく、また深めていけるような支援も必要となる。

2）地域福祉ニーズの種類

　地域福祉のニーズに対してはいろいろな分類方法があるが、まずは大きく２つに分けることができる。一つは「単身高齢世帯が多い」「貧困世帯が多い」「認知症家族が孤立している」などの「福祉課題」、もう一つは「地域活動を展開したが参加者が集まらない」「活動者が高齢化している」などの「活動上の課題」の２つである。

　また、現代社会は人とのつながりが希薄化し課題が複雑で潜在化しており、見えにくい課題も多くある。特に本人から表明されていなくても、他の地域との比較や専門家としての所見など、広くとらえて検討することで、見えてくる課題がある。これについてはブラッドショウ（Bradshaw,J.）による４つのニード分類*3も参考になる。

3）地域福祉ニーズの把握方法

　統計データ等の既存の資料、フィールドワーク、住民座談会やワークショップ、アンケート調査などから把握する方法と、活動場面で日常的に当事者や活動者、専門職との話のなかで把握することなどが考えられる。どれか一つということではなく、これらの方法を重層的に活用しながら進めていくことが必要である。

（4）計画策定

1）話し合いの場の設定

　問題や課題が把握できれば、それをどう解決していくのか、具体的に方策を練る必要がある。

　Aさん一人の課題がみんなの課題、私たちの課題となるために、つまり課題の地域化、普遍化のためには、住民が参加する話し合いの場の設定は重要である。地域のためにとすばらしい計画を策定したとしても、それが住民の意見を反映せずコミュニティワーカーが勝手に策定したものであったなら、まさに計画倒れとなってしまうだろう。自分たちが「どうにかしなければ」と思った課題について自分たちが「どうするか考える」ことが重要となる。そのためには、忌憚なく意見を出し合い、丁寧な合意形成を図りながら民主的に策定していくことが求められる。

2）何に取り組むか（優先順位）

　地域の課題は一つではない。どの課題に取り組むか、どの方法を選んでいく

*3　ブラッドショウはニーズを①フェルトニード（感得されたニード）、②エクスプレスニード（表明されたニード）、③コンパラティブニード（比較ニード）、④ノーマティブニード（規範的ニード）に分類している。

のか、自分たちができる範囲の身の丈にあった計画で、実現可能性を考えたものを策定する必要がある。優先順位をつけていくには、問題の深刻度、緊急度、取り組みやすさ、住民の共感度、やりがい、住民にとっての魅力度、理解度、社会資源（ヒト・モノ・カネ）の有無、などさまざまな角度から考えることが求められる。

3）具体性

どこで・誰が・誰に・何を・いつ・どのようになど、いかに具体的に絵が描けるかが、その活動の実現可能性にも影響してくる。特に誰（人・組織）と誰（人・組織）が連携・協働できるかを考え、計画に盛り込んでいくことで多様な人々の参加を得ていくことができる。さらにどれくらいの期間で、どれくらいまでの、どのような成果を求めるのかといった「目標設定」も重要となる。特に大きな課題に取り組む場合は小さなステップに分解し、それぞれに目標を設定することで、何をすべきか、明確にすることができ、成果も見えやすくなる。

（5）計画実施

主体である住民が取り組む課題はインフォーマルな活動といえる。つまり、住民の自由意志によるものであり、そういう意味では、非常に不安定な側面をもっている。ましてや、ときにはうまくいかずモチベーションが下がることもある。そのためにも、ワーカーは住民と良好な関係を築き日々の活動のなかで、①忌憚なく意見が出しあえる楽しい雰囲気づくり、②活動を振り返り、次の実践につなげていく話し合いの場、③当事者とのふれあいや意見を聞くことで活動の意義や成果を実感できる機会、④住民同士、お互いの活動を認め合い、評価し合う機会などのしくみづくりなどが求められる。

（6）評価

単にサービスがたくさんある地域がよい地域なのであろうか。たとえサービスがたくさんあっても、当事者、住民がその地域で主体としていきいきと地域で暮らすことができていなければ決してよい地域とはいえない。専門職が目先の課題達成に執着するあまり、住民に過度の負担をしいたり、その課題に無理解で共感できていないにも関わらず参加させていたといったようなことがあるかもしれない。経済的には裕福な地域であっても、普段のつながりがまったく

なく住民それぞれが孤立して、孤独死が多かったり、災害など有事に助け合うことができないかもしれない。こういったことがないように、プロセスの中に「評価」をきちんと組み入れ、より良い実践にしていく必要がある。

　評価指標の一つとして、まずはコミュニティワークの目標として先にもあげた3つのゴールがある。①タスクゴールは、その課題が解決したかどうか、②プロセスゴールは、問題解決のプロセスを通じて、住民がいかに協働し、主体としての力がついたか、③リレーションシップゴールは、地域の団体、組織とどれだけつながり、民主的で対等な関係性ができたかを問う。

　プログラム評価としては「インプット：その活動に必要な資源」「アウトプット：活動による具体的な成果物（結果）」「アウトカム：活動を通して得られた効果」、さらには「インパクト：地域社会にどう影響を与えたか」などの指標が考えられる。さらに広く検討したいときには、ロッシ（Rossi, P. H,）らによる「プログラム評価の5つの階層」が参考になる。①そのプログラムにはニーズはあるか（ニーズ評価）、②プログラムデザインは妥当か（セオリー評価）、③プログラムは意図されたとおり適切に行われているか（プロセス評価）、④プログラムは効果を生み出しているか（アウトカム評価、インパクト評価）、⑤プログラムは効率的で費用に見合った効果を出しているか（効率性評価）である[4]。

　また、サービスの質を問いたい場合には、「福祉サービスの第三者評価」も指標として参考になる。

　評価するためのデータの収集方法としては、地域アセスメントで述べた方法（アンケートやインタビューなどの調査）や事例検討などでスーパービジョンを受けるなども有効な方法である。

　評価は、活動成果の「見える化」でもあり、住民のモチベーション、そして次なる活動へと結びつく。

　2014年に採択されたソーシャルワーク専門職のグローバル定義で、ソーシャルワークは「社会変革と社会開発、社会的結束、および人々のエンパワメントと解放を促進する、実践に基づいた専門職であり学問」と定義された。また、日本においては、「ソーシャルワークに対する期待について」（厚生労働省2017）では、「包括的な相談支援体制」や「住民が主体的に地域課題を把握して解決を試みる権利」の必要性とともに、その構築にソーシャルワーカーが資することが期待されている。つまり、地域共生社会の実現に向けて、地域社会を場とした社会変革、社会開発、ソーシャルアクションといったコミュニティワークの重要度が増しているといえる。これは社会における、ソーシャルワー

クがまだ社会へ出し切れていない（が潜在的にもっている）力への期待に他ならない。

　個を大切にしながらも、その基盤である地域社会にインパクトを与えるようなダイナミックなソーシャルワーク、コミュニティワークが求められている。

【学びの確認】

①コミュニティワークは、何を大切に実践していくのでしょうか、いくつかのキーワードを出して、振り返ってみましょう。

②コミュニティワークの特徴としてはどのようなものがあげられますか。

③コミュニティワークの展開過程のそれぞれについて、どのような留意点があるでしょうか。コミュニティワーカーや住民の立場で考えてみましょう。

【引用文献】

1）藤井博志『地域福祉のはじめかた―事例による演習で学ぶ地域づくり―』ミネルヴァ書房　2019年　p.67

2）金子勇『都市高齢社会と地域福祉』1993年　ミネルヴァ書房　p.107

3）前掲書1）　pp.89-91

4）原由理子『参加評価―改善と変革のための評価の実践―』晃洋書房　2016年　pp.35-42

【参考文献】

高森敬久・髙田眞治・加納恵子・平野隆之編『地域福祉援助技術論』相川書房　2003年

厚生労働省『これからの地域福祉のあり方に関する研究会報告書』2008年

松永俊文・野上文夫・渡辺武男『現代コミュニティワーク論―地域福祉の新展開と保健医療福祉』中央法規出版　2000年

岩間伸之・野村恭代・山田英孝・切通堅太郎『地域を基盤としたソーシャルワーク』中央法規出版　2019年

岩間伸之・原田正樹『地域福祉援助をつかむ』有斐閣　2012年

杉本敏夫・家髙将明・堀清和編『改訂版　現代ソーシャルワーク論―社会福祉の理論と実践をつなぐ―』晃洋書房　2020年

岩間伸之・白澤正和・福山和女編『MINERVA社会福祉養成テキストブック③　ソーシャルワークの理論と方法Ⅰ』ミネルヴァ書房　2016年

上野谷加代子・松端克文・永田祐編『新版　よくわかる地域福祉』ミネルヴァ書房　2019年

永田幹夫『改定二版　地域福祉論』全国社会福祉協議会　2000年

IFSW・IASSW「ソーシャルワーク専門職のグローバル定義」2014年

厚生労働省「ソーシャルワークに対する期待について」2017年

第**10**章｜スーパービジョンと コンサルテーション

【学びの目標】

　スーパービジョンは、対人援助を専門とするソーシャルワーカー養成において必要不可欠な教育・訓練の一方法である。その過程においては、スーパーバイザーはスーパーバイジーを受けとめ理解しながら成長を支持し、またそれと同時にスーパーバイジーが、利用者に対してより有効で適切なサービスを提供できるように支援する目的がある。また、コンサルテーションは、専門的な知識や助言を得ることで、支援をより充実したものにすることを目的とした重要なプロセスである。ここではスーパービジョンとコンサルテーションの基本的な知識や方法を学び、さらにどのように展開していくのかを理解し、次の４点を学びのねらいとして実践力をつけるワンステップとしたい。

① 　スーパービジョンの意味や目的を理解する。
② 　スーパーバイザーとスーパーバイジーの関係を理解する。
③ 　スーパービジョンの基本的な方法を理解する。
④ 　コンサルテーションの有効性を理解する。

1．スーパービジョンの必要性

（1）スーパービジョンの意味

1）スーパービジョン（supervision）とは

　スーパービジョンとは、専門職としての知識、価値、技術などを現場の実践をとおして継続的、定期的、時には単発的に学んでいく過程である。またその過程における教育的な訓練や管理的な指導、支持的な助言やシステムとの接点として仲介する一方法である。

　スーパービジョンは、スーパー（superはmore, above, betterの意）・ビジョン（visionはeyes, ideasの意）の語源から、相澤は「より広い視野」で「卓越

したみかた」ができるようにするための「人育て」の一方法であるとし[1]、黒川は、ワーカーやカウンセラーの業務遂行能力を向上させる教育訓練の方法であり、困難な業務を行うワーカーを支持援助する方法であるとしている[2]。また、福山は、契約関係に基づいてスーパーバイジーの学習ニーズを熱意とサポートで充足する専門職の教育的援助過程であるとし[3]、黒木・倉石はスーパーバイザーが機関の責任においてスーパーバイジーに最大限の能力を生かしてより適切な実践ができるように援助する過程であるとしている[4]。

このようにスーパービジョンには「方法」と「過程（プロセス）」の見方が存在し、その形態や行われる条件、内容によってもさまざまなとらえ方ができるため、統一した見解にまとめるのは難しい。総じてスーパービジョンは、ソーシャルワーク実践においてソーシャルワーカーが、より質の高い効果的なサービスを提供できるように、さまざまな角度から具体的にサポートしていく専門職の育成過程とその方法であるといえる。

2）スーパービジョンの構成

スーパービジョンには、その担い手であり、ソーシャルワーク教育を提供する側（スーパーバイザー）と、専門職として養成される立場にある受け手側（スーパーバイジー）が存在する。

スーパーバイザーの存在は、組織内・外の大きく2つの場合が考えられる。組織内では、具体的には上司であったり、主任やチーフという位置づけであったり、実習担当者など、専門家としてその組織の理念や方針を十分理解し、それに沿った業務遂行を促進するために、スタッフを育て、その力を最大限に活用できるよう責任を受けもつ人である。また組織外では、他機関の経験豊富な専門性を兼ね備えたソーシャルワーカーである場合や、大学などの教育機関の教員であったり、専門職団体のなかで位置づけられた専門家である場合が多い。

いずれにせよ、スーパーバイザーには十分な知識と専門家としての確固たるアイデンティティ、熟練したスキル、対人援助関係におけるような受容的態度が必要とされる。決してスーパーバイジーに代わって話をまとめたり、スーパーバイジーの気持ちを代弁したりはせず、むしろクライエントがなぜ困り悩んでいるのかを、スーパーバイジー自身が考え、いかに援助していくかを計画していくことを助けることが求められる[5]。

一方、スーパーバイジーは、新人や経験の浅いソーシャルワーカー、実習生などの学生も含めた養成される側であり、組織内外からのスーパーバイザーによる専門家になるための学習やサポートを受けたいと希望している立場にある

ものをいう。また、中堅ワーカーなどもより高度な専門職としてのスキルアップをめざしてスーパービジョンを受ける場合もある。それと併行して経験を積み重ねるにつれてコンサルテーションを活用する機会が増えるといわれている。

3）スーパービジョン関係

　スーパーバイザーとスーパーバイジーとの間に結ばれる関係をスーパービジョン関係と呼ぶ（図10−1）。その関係性は各々の立場やスーパービジョンの形態にもよるが、実習先の実習担当者と実習生である場合や、同じ職場の上司と新入職員である場合など、スーパーバイザーのほうが専門職業上の関係においても組織管理上の関係においても優位な立場にあり、二者の関係性には両者の意志に関係なく、上下関係の側面が含まれる[6]ことが多い。

　しかし、スーパービジョン関係は、決して一方向の押しつけ的な指導ではなく、お互いの信頼関係を前提とした相互学習過程がそこに認められ、ともに学びともに歩む姿勢が重要なポイントである。また黒川が述べているように、両者の間で、その能力や仕事上の知識・技術あるいは責任という点で、相互に尊敬を基礎とした相互肯定的な評価がなければならない[7]とされている。

　また、この関係性に含まれる、スーパーバイザーにありのままを受けとめてもらい、認めてもらう経験は、「受容とは何か」「人を理解することや寄り添うとはどういうことか」の学びに結びつくことになる。それによって、スーパーバイジーであるソーシャルワーカーが、安心してクライエントと向き合うことができるという対人援助関係のあり方を擬似体験的に学ぶ関係性でもある。

図10−1　スーパービジョン関係

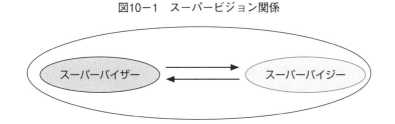

出典　福山和女編『ソーシャルワークのスーパービジョン』　ミネルヴァ書房　2007年　p.189

（2）スーパービジョンの目的

1）クライエントへの適切なサービスを提供

　ソーシャルワークにおいて、クライエントにとって最も適切でより有効な

図10-2　スーパービジョンの目的

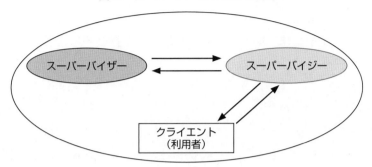

出典　図10-1に同じ　p.189, 204を参考に筆者作成

サービスを提供することが、その目的であり、常にソーシャルワーカーの業務に課せられた使命でもある。図10-2に示すように、クライエントに直接向き合うソーシャルワーカー（スーパーバイジー）を後方支援することによって、さらに質の高いサービス提供ができることを目的にしたシステムがスーパービジョンの構造である。またそれと同時にその組織としての責任を負い、一定水準のサービス提供を保障していることにもなる。

2）スーパーバイジーの自己成長を促す

　対人援助職であるソーシャルワーカーは、常に成長の過程にあるといえる。そこで、スーパービジョンをとおして、支援における知識や技術の向上とともに、自分では気づいていない自己の価値観や人間観、偏見や短所を知り自覚することによって、成長が促されることになる。

　スーパービジョンは、クライエントが抱えた問題を取り扱い、それを解決することだけに焦点を当てるのではなく、スーパーバイジーであるソーシャルワーカーがクライエントに対する支援過程において、自分という支援ツールがクライエントに対して、どのように機能しているかを知ること、すなわち「自己覚知」をテーマにすることも大変重要である。そしてソーシャルワーカーが自己覚知することで、ソーシャルワーカーの「私的自己」は「専門職業的自己（professional self）」[8]を意識し、クライエントに向き合う姿勢が整えられることになる。その成長過程を支える目的がスーパービジョンにある。

3）バーンアウト防止のため

　バーンアウト（burned-out：燃え尽き）[*1]は、「心身ともに消耗することを主症状とするストレスである」と田尾・久保は定義している[9]。対人援助職であるソーシャルワーカーは、その支援プロセスにおいてクライエントとのあら

*1　田尾・久保によると、バーンアウトの症状は、「徐々に他人に対する温かさがなくなり人間的に接することが難しくなり、それがその人の本来持っていた理想主義的な職業倫理と激しい相克を起こし、その結果、価値観が後退し態度が硬化してしまい行動のバランスを失い、働く意欲を減退させ何もしたくなくなり、最終的にはできなくなる」とし、具体的には慢性的な疲労感や無力感、頭痛・腹痛・腰痛をともなった身体の疲れや睡眠障害など。

ゆるジレンマを感じながら過剰なストレスを抱え込みやすいとされている。そのため、ソーシャルワーカーが直面するストレスを受けとめて理解し、そのストレスから受けるダメージを最小限にとどめていくこと、また、燃え尽きる前に、心理的な支援によってスーパーバイジーが自己肯定感をもてるようにサポートしていくことがスーパービジョンに求められている。

2. スーパービジョンの機能

（1）管理的機能

　ソーシャルワーカーは組織の一員として所属し、その組織が期待する役割に応えていくことを責任とともに課せられている。また、その組織内の他職種とのチームワークを遂行し、組織自体の機能や役割を認識したうえで、業務上の制限を受けながらも、他機関とも連携していくことが求められている。

　そのような仕事を展開していくうえでの環境を整え、管理的な視点から一職業人としての成長を促し指導していくことが、管理的機能である。すなわち、職務・職責・役割・機能を確かめ、具体的業務や支援計画等を確認し、その妥当性をチェックしていくことが求められる。具体的には、ケース記録や日報・統計の整備、会議参加や管理者への報告、勤務体制、業務負担の荷重など、スーパーバイザーは職員の業務レベルを把握し、組織から委託された一定の責任を果たし、クライエントの利益を守り、スーパーバイジーの成長を促す管理機能を果たす[10]ことになる。

（2）教育的機能

　教育的機能は、スーパーバイジーにとって、対人援助の専門家としての成長を目的にした「教えること」「学ぶこと」を基本としたスーパービジョンに不可欠な機能である。ソーシャルワーカーは、大学等の教育課程で知識を身につけ、基本的な技術やソーシャルワーカーとしての姿勢を学ぶわけであるが、実践場面ではそれらを基にした応用力が期待される。サービスを提供するにあたっては、クライエントやその家族についての知識・支援の方法、さらに支援活動の基本となる価値観をケースをとおして学習していくことが必要である。

　具体的には、人の発達や行動、方法論等に関する理論や情報の提供を行うとともに、アセスメントの方法や支援計画の立て方、社会資源の活用方法やその

開発、組織運営や会議運営の仕方、記録管理の仕方等を教え、その能力や技術の向上を図って訓練していくのである。そして「教育」とは、新たな知識・技術を教えることだけではなく、今まで得てきたそれらを業務に結びつけ、すでに業務に用いられていることを意識化すること[11]であり、また今後学ばなければならない課題を示唆することも含まれる。それには、受け手側のスーパーバイジーの学習への動機づけと積極的な姿勢を促進することが重要である。

（3）支持的機能

支持的機能はスーパーバイザーがスーパーバイジーを受容し理解を示し、専門家としての成長を促し支えていくことである。バーンアウトの項でも述べたが、対人援助職であるソーシャルワーカーはストレスを感じることも多く、不安や悩み、葛藤、挫折感や不満感を抱え込み、ジレンマから脱することができずに苦しみ、燃え尽きた症状を呈している人も少なくない。

スーパーバイザーはそのようなスーパーバイジーのマイナスの感情もすべてを受容し、ソーシャルワークの支援過程で体験するこのような情緒反応を正常なこととしてとらえ、スーパーバイジーに自分の感情を建設的に扱うことを学ばせ、またクライエントとのかかわりにおける自己の気づかない傾向に気づかせるのである[12]。すなわち、支持的機能はスーパーバイザーがスーパーバイジーの後ろ盾となって情緒的なサポートをしながら、自己洞察を促し自己覚知に結びつけていくプロセスである。他にもマイナス面への焦点化のみならず、プラス面について、スーパーバイジーのよい点や有する力（ストレングス）に着眼し、支援活動へのモチベーションにつなげていけるよう励まし、支援していく姿勢もここでは重要なポイントとなる。他にもスーパーバイジーが抱える葛藤や課題によっては、スーパービジョン以外の支援の必要性も検討し、適切なサポートを受けられるようにつなげていくことも重要な役割となる。

（4）評価的機能

＊2　スーパービジョンの機能として「管理的・教育的・支持的」の3つに分類されるのが一般的であり、評価的機能はいずれにも含まれるが、ここでは特にソーシャルワーク教育（社会福祉士養成課程も含めて）における実習教育課程のスーパービジョンの観点から機能を考えた場合として「評価的機能」も取り上げている。

管理的機能と教育的機能と密接につながった機能として、評価的機能＊2がある。この評価とは、採点という意味でとらえるのではなく、スーパーバイジーであるソーシャルワーカーの成長を効果的に支援していくことをめざしている機能といえる。すなわち、ソーシャルワーカーの実践内容やその結果と、組織の一員としての成長の度合いについて評価するのである[13]。具体的には、クライエントとの関係、面接や日常的なかかわり、コミュニケーション技法、クラ

イエントの評価（課題についてのアセスメント含む）、援助計画、記録・報告、スーパーバイザーとの関係、職場における人間関係、関係機関との連絡調整などの能力[14]や業務に関する研究や研修会への参加なども含めた業務全体への取り組みが評価されることになる。そしてこの適切な評価がバーンアウトを防ぎ、またスーパーバイジーの能力を最大限に発揮できるように目標をもつことにつながる。

　実習生の評価もまた同様に行われるが、健康管理や実習態度、実習日誌などの記録の書き方やその内容と提出といった管理面や、コミュニケーションスキルやクライエントとの関係形成について、ケースアセスメントや支援計画力などの技術面（教育面）、スーパーバイザーを含めた職員との人間関係のもち方といった社会性も評価対象とされる。

　このように示したスーパービジョンの機能は、時代の変遷とともにさらに細分化・明確化される方向にある。例えば、トニー・モリソン（Morrison, T.）は、スーパービジョンを「ワーカーが組織から与えられた職責として他のワーカーとともに取り組むプロセスで、一定の組織的、専門的、個人的な目標を満たし、サービス利用者にとっての最善を生み出すためのものである」と定義し、そのなかには「管理的機能（マネジメント）」「教育的機能（発達）」「支持的機能（サポート）」に加えて、「仲介機能」が統合されるとしている。この仲介機能は、さまざまなシステムとの接点でのスーパーバイザーの役割が理解されるようになったことをとらえたものであり、「協働」としてのチーム内での役割と責任について調整し明確にすることを意味している[15]。

3. スーパービジョンの方法

（1）スーパービジョンの内容

1）開始するにあたって
　スーパービジョンの必要性は、ここまで示したように認められるところであるが、実際には、その方法や形態は現場のニーズによってさまざまである。またスーパービジョンという枠組みにとらわれずに、同じ職場内では日常的に上司から助言をもらったり、同僚同士でケースについてアイディアを出しあったりアドバイスしあうことも多い。また、実習生のように実習先の実習担当者から実習記録にコメントをもらうことや、直接質問に答えてもらったり、助言を

表10−1　スーパービジョンをはじめる前に確認すること

1）スーパーバイザーは誰か
  ・スーパーバイジーの職場の上司／同一の職場の上司以外の人／職場外だが報告義務などの職場と契約のある人／職場と全く関係のない人／スーパーバイジーの専門性と同じ分野の人／異なる人、など
  ・役割は教育／管理／評価／サポート／調整、など
2）スーパーバイジーは誰か
  ・新人／中堅／ベテラン
  ・他の分野・職場での経験者（福祉、あるいは他領域）
  ・有資格者／無資格者
3）扱う内容は何か
  ・知識や情報
  ・クライエントサービスの方法・技術
  ・スーパーバイジーの能力育成・自己覚知
  ・スーパーバイジーのサポート・バーンアウトの予防
  ・スーパーバイジーの業務管理・評価
4）スーパービジョンの実施形態はどのようにするか
  ・いつ
  ・どこで
  ・どのような形で
  ・どのくらいの頻度で
  ・料金は必要か、必要だとするとどのくらいか
5）スーパーバイザーとスーパーバイジー関係がうまくいかなかった場合にどうするか
  ・スーパービジョン関係の解消プロセス
  ・スーパーバイジーからのクレーム処理（誰にどのように伝えるか）
  ・スーパーバイザーからのクレーム処理（誰にどのように伝えるか）
6）スーパービジョン評価・報告はどのようにするか
  ・スーパーバイザーがスーパーバイジーについて評価・報告の何らかの義務を負っているか（資格の認定などと関係があるかについても含む）
  ・スーパーバイジーがどのように自身の評価・報告に参加するか
  ・スーパーバイザーのスーパーバイジーについての評価・報告はどのように使用されるか
  ・スーパービジョンそのものについての評価・報告はどのようにするか

出典　塩村公子『ソーシャルワーク・スーパービジョンの諸相』中央法規出版　2000年　p.94

もらうこと、さらに教育機関の巡回担当者からスーパービジョンを受ける機会が設けられている。

　このように、スーパービジョンを提供したり受けたり、また職場内に導入するにあたって、スーパーバイザーとスーパーバイジー、職場の管理者がお互いに確認しておくべき項目を、塩村は表10－1のように整理している。

　先にも述べたように、スーパービジョンはスーパーバイザーが組織内の専属のソーシャルワーカーなのか部外者に委託するのかによって、また表10－1内にあるように、部外者に委託した場合でも報告義務があるのかないのかによって、方法や形態、機能も異なってくる。そのため、スーパーバイザーとスーパーバイジーの両者がその必要性を双方で認めた場合の意思表示として、またその関係性が不明確にならないように「契約」として約束事が交わされることが望ましいとされている。また相澤は、現場実習における契約について、スチューデント・スーパービジョンの場合は、養成校から実習先へ実習契約書が届いた段階で、スーパービジョン関係が成立するとし、実習先でのオリエンテーションが実際的なスーパービジョン関係の開始[16]ととらえている。

2）スーパービジョンの進め方

　スーパービジョンの進め方は、次の表10－2に示すようなプロセスが繰り返される。

①状況報告は、課題提示であり、スーパーバイジーがクライエントとの面接場面の逐語録を提出したり、事例を要約した形でまとめ、スーパービジョンで確認したい内容や問題点と思われる項目を列挙する場合がある。

②明確化は、提示された事例や課題の内容に関連した情報を整理しながら、スー

表10－2　スーパービジョンの進め方

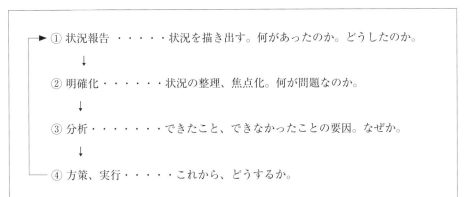

出典　宮田和明・加藤幸雄他編『五訂 社会福祉実習』中央法規出版　2008年　p.97

パービジョンをとおして問題点を確認していく段階である。

③分析は、内容の緊急性を考慮しながら問題点を丁寧に精査していく過程である。ここでは、クライエントやスーパーバイジーの「できなかった」事実のみならず、「できたこと」に焦点化するストレングスの視点が重要である。

④方策・実行は、緊急性や優先順位などのリスクマネジメントも含めて、より具体的な支援計画を練っていくことである。

3）スーパービジョンの課題内容

　スーパービジョンで取り上げられる課題は、福山によると内容的に次の5つに分類される[17]。

①スーパーバイジーの担当事例（事例の利用者自身に焦点化）

②スーパーバイジーと事例との相互関係（事例の利用者や家族とスーパーバイジーの関係に焦点化）

③スーパーバイジーの課題（専門家としてのアイデンティティ・自信・能力など、スーパーバイジー個人に焦点化。援助方法・技術取得も含む）

④スーパーバイジーと同僚そして組織との相互関係（職場関係に焦点化）

⑤スーパーバイザーとスーパーバイジーとの相互関係（スーパービジョン関係に焦点化。スーパーバイジーの専門家としての自立への方向づけ）

　ここで焦点化される内容は、先に述べたスーパーバイジーが課題提示において、最初に問題点であると列挙した内容とは必ずしも一致するとは限らない。すなわち、スーパーバイジーの問題点のとらえ方自体から見直す必要がある場合もあり、スーパーバイザーとして焦点化すべき問題点を見抜く力、アセスメント能力が求められるところである。

（2）スーパービジョンの形態

1）個人スーパービジョン

　個人スーパービジョンは、スーパーバイジーとスーパーバイザーが1対1で向き合う面接形式の個別スーパービジョンである（図10-3）。この形態は、スーパーバイザーとスーパーバイジーとの信頼関係が築きやすく、①スーパーバイザーはスーパーバイジーの話をじっくりと聴くことができ、成長過程に応じてきめ細やかにかかわることができる、②1つのケースを掘り下げて検討することができる、③スーパーバイジーはスーパーバイザーに受容されることをとおして自己開示し、自己洞察していくことができる等が利点としてあげられる。

　特に定期的なスーパービジョンは、新人ソーシャルワーカーにとって自分の

仕事をふり返る貴重な機会となり、スーパーバイザーとの安定した関係性が得られることによって安心してクライエントと向き合うことができるようになる。また、必要に応じて随時行われるスーパービジョンは中堅ソーシャルワーカーやベテラン職員に向いているとされ、スーパーバイジー側の問題意識の明確な課題に向けてのスーパービジョンとなることも多い。

2）グループスーパービジョン

　グループスーパービジョンは、1人のスーパーバイザーのもとで、複数のスーパーバイジーたちが受ける集団スーパービジョンである（図10-3）。この形態は、スーパーバイザーとそれぞれのスーパーバイジーとの1対1の関係とともにスーパーバイジー間の相互の関係性が生まれ、①スーパーバイジー個人の抱える不安や悩みもグループで共有できる、②そのグループ・ダイナミックス[*3]を活用することによって、各スーパーバイジーの抱える課題に対して他のメンバーからも多くの示唆やサポートが得られる、③意見交換することによって学習効果が期待できる等の利点がある。また、グループ内で行われるスーパーバイザーとスーパーバイジーとのケース検討は、他のメンバーに多くの気づきと共感を与え、「いまここで」というメンバー同士の凝集性を高め、それが仕事に臨むうえでの安心感につながることもある。

　大学などでの実習教育や専門職団体の新任、中堅者研修などに有効な形態であり、また複数のソーシャルワーカーがいる職場では、組織全体の支援の方向性を確認しあうことによって専門性の向上に寄与することが目的とされる場合もある。

3）ピアスーパービジョン

　ピアスーパービジョンは、お互いがスーパーバイザーであり、同時にスーパーバイジーであるという仲間同士のスーパービジョン形態である（図10-3）。進め方はグループスーパービジョンと同様であるが、自主性に富んだ仲間同士ということで親しみやすい雰囲気があり、お互いの専門家としての成長を目的とした教育的・支持的機能の濃いスーパービジョンといえる。

　単なるグループ活動に陥らないためにも、参加者は個人やグループでのスーパービジョンを受けた経験者であることや、ある程度の問題解決能力が備わっていることなどが必要である。またグループとしての基本的な留意点（お互いの意見を尊重する、非難中傷はしない、価値観を押し付け合わない、発言者の偏りをなくすなど）をふまえておく必要がある。

*3　グループ・ダイナミックスは集団力動と言われ、グループメンバーの相互交流の結果生じた力をいう。グループに効果的にかかわる上で、特に集団力動の次の4つの次元が重要視される。①コミュニケーションと相互交流パターン②凝集性③社会的な抑制メカニズム（規範・役割・地位）④集団文化『グループワーク入門』ロナルド・W・トーズランド／ロバート・F・ライバス著　中央法規出版　2003年　p72より

図10－3　スーパービジョンの形態

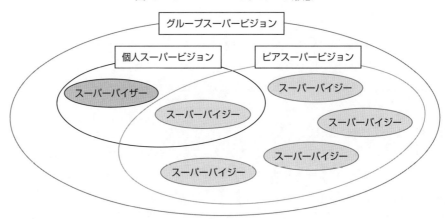

出典　福山和女編『ソーシャルワークのスーパービジョン』ミネルヴァ書房　2007年　p.202を筆者一部改変

4）ライブスーパービジョン

　ライブスーパービジョンは、クライエントの面前で、スーパーバイザーが援助者のモデルとなってスーパーバイジーに直接的な学びの機会を提供する形態である。図10－4にあるように、スーパーバイジーはスーパーバイザーとクライエントとのやりとり（相互作用）を観察することによって、具体的な面接技術や援助方法を教示されることになる。現場実習においては、スーパーバイザーの面接に学生であるスーパーバイジーが同席する場合があるが、その機会にライブで展開される面接技術だけではなく、そこで示されるスーパーバイザーの姿勢から、ソーシャルワーカーとしての知識や価値、倫理的な態度や組織機能をも学習することができる。

　また、面接を録音・録画したものを通じて実施されるスーパービジョンも、ライブスーパービジョンに含まれ、実際の面接場面をふり返りながら、重要なポイントについて、より具体的な助言や指導を受けられる点で有効である。こ

図10－4　ライブスーパービジョン

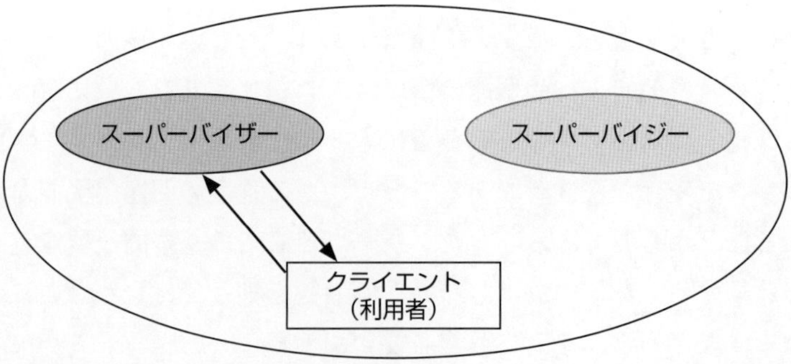

出典　福山和女編『ソーシャルワークのスーパービジョン』ミネルヴァ書房　2007年　p.204を筆者一部改変

こでの留意点として、同席面接および録音などの場合には、クライエントの負担とならないような十分な配慮が必要であること、また個人情報保護の観点からも、クライエントにその目的を伝え同意を得ることが必須となる。

5）スーパービジョンにおける統合アプローチ：「4×4×4モデル」

ソーシャルワークの実践、理論、方法が常に変化し進展しているように、その実践を支えるスーパービジョンにおいても、その発展段階から様々なアプローチや新しいモデルが提唱されてきている[18]。

その中でもここで示す「4×4×4モデル」は、トニー・モリソンとジェーン・ワナコット（Wonnacott. J.）等によって提唱された統合アプローチである。スーパービジョンでは、誰を対象とするのか、誰に向かっての支援であるのかを明確に捉える必要がある。すなわち、スーパービジョンでは異なるステークホルダー[*4]が存在することを意味するため、それらを捉えて、機能とステークホルダー、スーパービジョンの主たるプロセス（スーパービジョンサイクル）を統合した枠組みで捉えようとしたアプローチが「4×4×4モデル」となる。表10−3は、スーパービジョンの4つの機能と4つのステークホルダー、さらにプロセスにおけるスーパービジョンサイクルの4要素の枠組みを示したものである。

*4　ステークホルダーとは、組織の提示する目標の達成に影響を及ぼす、あるいは影響を及ぼされる組織団体や個人のことである。また利害関係者とも訳され、利害関係のある利用者、スタッフ、法人、組織、行政、政府、地域社会などを指す[19]。

表10−3　4×4×4スーパービジョンモデル

4つの機能	4つのステークホルダー	スーパービジョンサイクルの4つの要素
マネジメント（管理的）	サービス利用者	経験
サポート（支持的）	スタッフ（スーパーバイジー）	振り返り
発達（教育的）	組織	分析
仲介	協働機関（パートナー）	アクションプラン

出典　ジェーン・ワナコット著、野村豊子他訳『スーパービジョントレーニング』学文　2020年に一部筆者加筆

先に述べたように、スーパービジョンの機能は、管理的機能（マネジメント）・支持的機能（サポート）・教育的機能（発達）の3つを代表的な機能として示したが、このモデルでは、システムとの接点でのスーパーバイザーの役割に着目して、「仲介」機能を4つ目に位置づけているところが特徴である。仲介機能は、「人が組織に関われるようにすること（Morrison, 2005）」とされるように、サービス利用者が抱える課題を解決していくためには、他職種や他機関との協

働が不可欠となることを示している。

　すなわち、スーパービジョンはスーパーバイザーとスーパーバイジーという関係性のなかで完結するようにとらえられがちであるが、スーパービジョンが影響を及ぼす４つのステークホルダーのニーズとそれらの相互関係を認識することが重要であることが強調されたモデルといえる。「スタッフ」としてのスーパーバイジー、「サービス利用者」、「組織」、そして他の専門職や協働機関といった「パートナー」の４つのステークホルダーが、いかに相互に関係しているのか、またいかにそれぞれのニーズや活動が他者に影響を与えているのかをとらえて支援を展開できるようなスーパービジョンの視点が必要であるとされている。その関係性を示したのが、図10－5である。

図10－5　　４つのステークホルダー

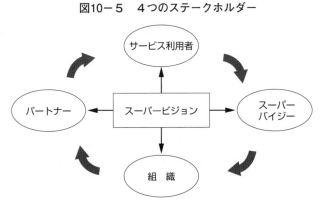

出典　ジェーン・ワナコット著、野村豊子他訳『スーパービジョントレーニング』学文社　2020年

　また、本モデルでは、ソーシャルワークの支援プロセスと同様に、スーパービジョン自体のプロセスにおけるサイクル（経験→振り返り→分析→アクションプラン：計画）をとらえることの重要性が強調されている。すなわち、サービス利用者への効果的な実践を提供するためには、その支援プロセスと並行してスーパービジョンのプロセスのサイクルを関連づけて展開していくことが、より効果的なスーパービジョンにつながることになり、その結果、それぞれのステークホルダーにとって、図10－6に示すような利益をもたらすとされる[20]。よって、スーパーバイザーは、目の前のスーパーバイジーのみならず、他のステークホルダーの存在を念頭において、スーパービジョンのプロセスのなかで取り扱い、その効果を常に意識していくことが重要なポイントになるとされる。

図10-6　効果的なスーパービジョンの結果

多職種業務（協働機関）にとっての利益

- ■ワーカーの役割が明確
- ■他者に対する適切な期待を認識
- ■ワーカーが他の機関と確実にコミュニケーションし、話を聞くようにする
- ■ワーカーが多職種の会議に向けて準備する
- ■異なる役割の存在の良さを認識しステレオタイプ（固定概念）に異議を唱える
- ■ワーカーが他の機関を理解するのを助ける
- ■他の機関との葛藤を解決し、資源について交渉するのを助ける

利用者（サービス）にとっての利益

- ■ワーカーが課題についてより明確化、より焦点化する
- ■利用者のストレングス、ニーズ、リスクによく気がつく
- ■プロセスにおいて利用者の気持ちにより気配りがされる
- ■パワーに関わる課題により気づく
- ■より深く利用者に関わることができる
- ■より根拠に基づいたアセスメント
- ■より一貫性のあるサービス
- ■より明確なプラン

効果的なスーパービジョンの結果

機関（組織）にとっての利益

- ■上司と部下ともに、より明確なコミュニケーション
- ■組織の価値と方針が共有される
- ■同じ組織で働いているという所属意識の感覚が向上する
- ■改善された標準化
- ■問題についての責任の共有化
- ■スタッフとの協議のプロセスが改善
- ■役割についての理解が改善
- ■より開かれた環境
- ■組織をより誇りに思える
- ■スタッフの離職率の低下

スタッフ（スーパーバイジー）にとっての利益

- ■明確な役割と説明責任
- ■綿密に調べられた業務
- ■明確な境界線
- ■プレッシャーの共有
- ■自信の向上
- ■熟考された判断
- ■利用者に焦点
- ■創造的な実践への支援
- ■多様性の尊重
- ■権威の使用・乱用についての探索
- ■不十分（不出来）な実践についての挑戦（要求、やりがい）
- ■学習ニーズの認識
- ■感情を取り扱う
- ■ワーカーは尊重され、孤立しない
- ■チームワークを強化

出典　ジェーン・ワナコット著、野村豊子他訳『スーパービジョントレーニング』学文社　2020年　図2.2を筆者一部改変

（3）スーパービジョンの展開

1）スーパービジョン過程

　スーパービジョンをはじめるにあたっての確認事項は、先の表10−1に示したが、その後の展開手順とそのプロセスについては、福山が示す「課題取り組みの過程（FKモデル）」の10段階のステップ[21]を参考にしたい。これらのステップは、スーパーバイジーによる担当事例の課題提示が前提となる。

①第1ステップ─課題提示
②第2ステップ─取り組み意志提示
③第3ステップ─追加情報
④第4ステップ─問題点列挙
⑤第5ステップ─5年後の予測
⑥第6ステップ─取り組み力＝ストレングスの探究
⑦第7ステップ─優先順位づけ
⑧第8ステップ─具体的対策づくり
⑨第9ステップ─事前計画との比較
⑩第10ステップ─フィードバック

　ここでのポイントは、最初にスーパーバイジーの意志確認が行われている点であり、スーパービジョンが決して一方的な指導ではないことや、スーパーバイジーの動機づけが大切であることが理解できる。次に、①問題点であると考えられる「事実」をできるだけ多く列挙する作業をし、②問題点の重要度を推し測り、ストレングス視点で考察し、③援助に向けての優先順位をつけて、「アセスメント」と「プランニング」に進むという共同作業を、スーパーバイジーが主体的に判断できるように、スーパーバイザーが確認をとりながら促していく点である。このような事例における問題点のとらえ方や見立てをともに考える丁寧な作業は、後のケース展開や他の事例にも活用できる有効な作業である。

　最後にスーパーバイジーがスーパービジョンを受ける前に行ったアセスメントやプランニングについて、比較検討しながらスーパービジョン過程をふり返り、自己評価をする点はフィードバックの大切さを意味し、スーパービジョンの重要な要素でもある。

　また、スーパービジョン過程におけるスーパーバイジーの「自己成長」の段階に焦点を当てたものとして、大谷は表10−4のようにまとめている。このプロセスは、スーパーバイジーが自分自身を理解し自己覚知というふり返りの作業をとおして支援の方向性を見出していく過程でもある。スーパーバイジーが「気づきのプロセス」[22]を繰り返し行うことによって自然に自分の弱点を意識

表10－4　スーパービジョンの時期と段階

時期	ステージ		内　　　容
始動期	段階1	「知る」	スーパービジョン関係を理解し、スーパーバイザー・スーパーバイジーの各々の役割を知ると同時に準備を行う
	段階2	「といかけ」	スーパーバイザーはスーパーバイジーのアセスメントを行う（スーパーバイジーの考え方や能力・問題状況等を把握） スーパーバイジーは、記録等の整備や考え方をまとめる
展開期	段階3	「ゆらぎ」 「ゆさぶり」	スーパーバイザーは傾聴し、受容しながら、スーパーバイジーの課題や問題点の示唆を行う
	段階4	「ふかまり」	スーパーバイジーが精神的支持や心理的サポートを得て、質問疑問を表出し、自己洞察が行いやすいようにスーパーバイザーは留意する
終結期	段階5	「ふりかえり」	自分流（スーパーバイジー）の偏った見方・考え方あるいは思い込みや人権・権利擁護の視点はどうであったかへの検証を行う
	段階6	「わかる」	スーパーバイジーが自分の気づかぬ自分に気づく、または気づかされる

出典　杉本敏夫・住友雄資編　『新しいソーシャルワーク』中央法規出版　1989年　p.181（表作成：大谷悟）

し、コントロールしてクライエントにかかわるという専門的な関係がとれるようになるのである。

2）実習におけるスーパービジョン過程

　実習教育におけるスーパービジョンは、実習先の機関や施設の実習担当者との関係のなかで行われるものと、実習期間中の巡回担当者（教育側）との関係において行われるものとが重なっている状態である。前者の実習先でのスーパービジョンは、さまざまな方法がとられるが、1日ごとの実習内容をふり返る時間を設けることや、実習生が記入する記録（実習日誌）を読み、「指導者のコメント欄」に実習生の気づきや質問、考察に答えていくことが基本となる。また個別には、ケース記録の閲覧によるケース検討や同席面接による観察結果への意味づけなどが行われたり、実習計画の進捗状況を確認したり、内容変更を一緒に検討したりする一方、実習生の精神面にも気を配り、支持的なスーパービジョンも大切な要素である。さらに複数の実習生を集めた形で、共通課題についてグループディスカッションをし、個々の気づきを促していくグループスーパービジョンが行われる場合もある。

　教育機関からの巡回指導におけるスーパービジョンは、実習生にとって、現

表10-5　実習期間中スーパービジョンのミニマム・スタンダード

	大項目	小項目	個注	グ注	対象
1	実習生の健康状態や不安を確認する	実習生の心身の状態について確認する	○		実習生
		実習生に気がかりなこと、困りごと等について確認する	○	○	
		実習生の不安等の気持ちを受け止める	○	○	
2	実習生の学習状況・実習プログラムを確認する	実習生の実習先に関する理解について確認する	○		実習生
		実習生に実習計画の達成度を確認する	○		
		実習生に自己覚知が深められているか確認する	○		
		実習生に実習プログラム・内容について確認する	○	○	
3	実習日誌の内容を確認し指導する	ノートの記入状況および内容を確認する	○		実習生
		ノートでの指導者からの指導内容を確認する	○		
		実習内容・学んだことを適切に記録化できるよう指導する	○	○	
4	実習生の行動を確認する	教員・利用者との関係形成に関する問題の有無を確認する	○		実習生
		実習目標・テーマ・課題に照らし合わせてプログラム上の体験事項を確認する	○	○	
		実習中にあった具体的トラブル・口頭で受けた指導等を確認する	○		
		実習生と利用者とのコミュニケーション場面などを観察する	○		
5	実習生の実習内容に対する評価を確認する	実習生に実習指導プログラムへの満足度を確認する	○		実習生
		指導者の指導方法に対する実習生の満足度を確認する	○		
		指導者への要望事項等を確認する	○		
6	巡回指導後の進め方について確認する	テーマ変更・追加等があるか確認する	○		実習生
		実習生と今後の実習のあり方・取り組み方について話し合う	○		
		実習生を励まし、行動の仕方について助言する	○	○	
		指導者からの評価や要望事項を実習生に伝達する	○		
7	実習指導者から実習生の実習内容を確認する	巡回で指導者から学校への要望を聞く	○		指導者
		実習生の態度・マナー等に関する意見・要望を指導者に聞く	○		
		実習の達成度について指導者から助言をもらう	○		
8	教員による巡回指導内容を指導者に伝える	必要に応じて実習生の要望事項や悩みを指導者に伝達する	○		指導者
		必要に応じて実習内容（プログラム）の調整を指導者に依頼する	○		
		適切なスーパービジョンの実施を指導者に要請する	○		
9	学校側の教育方針と方法を指導者に説明する	巡回等によりプログラムや指導方法について指導者と調整する	○		指導者
		学校の実習目標および評価方法について指導者に確認する	○		
		実習指導者と実習指導のあり方について話し合う	○		
10	巡回記録を作成する	実習巡回指導の内容について記録を作成する	○		学校

注：個…個人、グ…グループ

出典　日本社会福祉士養成校協会編『社会福祉士専門教育における現場実習教育に関する研究』2004年　pp.Ⅲ12-Ⅲ14

場のスーパーバイザーとは違った意味で、実習内容について相談することができる場でもあり、実習中に感じている葛藤やジレンマを吐露して巡回担当者に受けとめてもらえることによって、安心できる時間をもつことも重要である。実習巡回におけるスーパービジョンの内容については、表10－5を参照されたい。いずれにしても、このように実習担当者と巡回担当者のスーパービジョンの役割分担や連携が不可欠である。

（4）スーパービジョンのツール

1）ツールとしての記録

　スーパービジョンのツールとしての資料は主に、文書による記録（プロセスレコード、要約記録）、録音・録画された記録、アセスメントシート、業務日誌、報告書、業務計画等があげられる。

　プロセスレコード、特にそのなかでも「逐語録」（p.112参照）を課題として提示する方法は、まだ経験の浅いソーシャルワーカーの訓練として用いられることがある。実際の面接場面におけるコミュニケーションが明らかになり、双方のやり取りのタイミングやその内容の検討や確認作業に役立つ方法である。この方法は面接における応答技法や面接構成などについての助言をしやすいという利点と、スーパーバイジーの自然な反応のなかにみられる価値観や倫理観なども観察することができる。

　相澤[23]は逐語録を素材としたスーパービジョンの留意点として、スーパーバイジーが①コミュニケーション技法を正しく理解しているか、②自分のかかわりを客観的に評価できているか、③面接の流れ、文脈が理解できているか、④対人場面での自分自身のコミュニケーションのとり方、くせについて理解が深まったか、などをあげている。具体的には「クライエントは何を言おうとしているのか」「ここで使われたコミュニケーション技法はなにか」「クライエントの気持ちに寄り添えているか」「ソーシャルワーカーはどうしてそこでそういう反応をしたのか」「ここでは、どういう反応が望ましいのか」というように、流れに沿って詳細に確認作業を行っていくことになる。そのため、スーパーバイジーは自分自身を攻められているような錯覚に陥りやすいが、スーパービジョンはクライエントによりよいサービスを提供するために行われるのであり、「スーパーバイジーはスーパーバイザーの言葉を個人的な叱責や非難として受け取らないように心得ておかなくてはならない」と荒川[24]は述べている。

　要約記録は、事例を中心としたスーパービジョンで用意されることが多く、ケースサマリーとして、個別やグループ等いずれの形態でも取り上げられる。

スーパーバイジーが担当する多くのケースのなかから、自分が検討したい事例を選び、その事例の概要と現在までの面接の事実と意味を整理し、クライエント自身のことや抱える問題などを含めてケースの全体像を示し、スーパーバイジーが課題としてとらえている内容を明記して提出する形である[25]。

　ここでの留意点は、課題の設定にあるといえる。スーパーバイザーからのケース内容についての事実確認をするなかで、事例提供者であるスーパーバイジーの意図とは異なる角度で問題点を取り上げる場合があるからである。何に焦点を当てるべきかという点で、スーパービジョンの方向性を吟味する必要がでてくる場合がある。塩村は、グループ形態での「事例を中心としたスーパービジョンの記録」として表10-6を示している。

　また、録画や録音をツールとしたスーパービジョンでは、スーパーバイジーとクライエント間の相互作用などの実践場面がそのまま再現されることから、より客観的に焦点を絞って冷静に分析することができる。録画の場合は非言語

表10-6　事例を中心としたスーパービジョンの記録

ケース課題		提出者	グループの結論
年月日	開始時刻	終了時刻	
参加メンバー			
提出された課題			グループがどのように貢献したか
扱われた課題			
話しあいの内容			スーパーバイザーがどのように貢献したか
			自分が何を得たか
			その後の変化
			その他の感想

出典　塩村公子『ソーシャルワーク・スーパービジョンの諸相』中央法規出版　2000年　pp.128-129

的コミュニケーションも観察することができ、場面をとおしてスーパーバイジー自身の気づきを促しやすい点が利点とされている。

2）ツールとしてのロールプレイ

　ロールプレイは、個別・グループいずれのスーパービジョンにも活用でき、ディスカッションに貴重な材料を提供するといわれている。スーパーバイジーは即興で行われるロールプレイに参加することによって、その役割を体験しどのような感情がわいてくるのかを経験してみることによって、より具体的に、的確にクライエントを理解することができる。一方、スーパーバイザーは、ロールプレイのなかでのやり取りを通じて、スーパーバイジーのクライエントとのかかわり方やその視点を容易に把握し、そこでの問題点を明確にし、課題提起に結びつけることができる。

　また、支援者として新たなソーシャルワークスキルを獲得するためのトレーニング場面でも有効である。実習教育場面でも、より具体的な実践現場でのクライエントとのかかわり場面を設定しロールプレイを試みることで、不安感や緊張感が緩和される。またグループで取り組むことによって、お互いの肯定的な部分をフィードバックすることができ、ストレングスの視点も養うことにつながる。

4．コンサルテーション

（1）コンサルテーションとは

1）コンサルテーションの必要性

　ソーシャルワークにおけるコンサルテーションの歴史は1960年代からはじまったとされるが、現在では、さまざまなソーシャルワークの実践現場で、特にチームアプローチの場面で広くコンサルテーションが取り入れられてきている。

　近年コンサルテーションの必要性が強く求められている背景には、クライエントの抱える問題や課題の重篤化・複雑化の傾向により、それぞれの機関や施設において多職種連携の必要性が高まっていることにある。より高度な専門的な知識や情報が求められる支援場面が増える一方で、それらを十分に得られないために自信がもてない実践者も少なくない状況にある。

　ソーシャルワーク活動は、スーパービジョンとコンサルテーションとが車の

両輪となってソーシャルワーカーをバックアップするという組織の保証体制があってはじめて成り立つものであると福山は述べている[26]。

2) コンサルテーションの定義

　コンサルテーションは、業務をしていくうえで、ある特定の専門的な領域の知識や技術について助言を得る必要が生じたときに、コンサルタントに相談しアドバイスを受けることである。福山は、コンサルテーションを「保健・医療・福祉の分野で、対人援助の専門家を支援する援助技術の一つ」とし、さらに「対人援助の専門家が、組織体制や運営、職務や援助業務、援助計画に関する課題や問題などに取り組むために、特定の領域の専門家から新しい情報・知識・技術を習得する過程」と定義している[27]。

3) コンサルテーションの特徴

　コンサルテーションとスーパービジョンとを混同して用いられることもあるため、ここでは奥田[28]と黒川[29]の枠組みを示す。
①機関外あるいは他の部門からの専門家によって行われる。
②専門分野に関する特別な知識や技能についての教示および助言である。
③直接、援助活動に関与せず責任も負わない。
④機関（援助者が所属する部門）の管理者としての機能をもたず、よって評価もしない。
　あくまで、コンサルテーション機能は、専門職に対する相談援助であり、教育機能に留まることが多い。また、コンサルテーションで得た情報や知識を支援に活かす場合のみならず、受けた助言を採用するか否かの判断は受け手側にある。また、コンサルテーションの提供者である「コンサルタント」とコンサルテーションの受け手である「コンサルティ」との関係性は、任意で対等であり「パートナー」とされる。

（2）コンサルテーションの構造

1) コンサルテーションの形態

　コンサルテーションの形態はスーパービジョンとほぼ同様であり、個別・グループ・ピア・ライブ・ユニットの5つの形態がある。コンサルテーションは組織外の専門家に要請する場合が多く、個人のみならず、会議自体のあり方に助言を受けるようなユニット・コンサルテーション形態もある。
　また、ソーシャルワーカーがコンサルテーションを実施するコンサルタント

側になる機会も増えてきており、実際に相談支援の場面で直接的にクライエントにモデリングすることもコンサルテーションとしてとらえることができる。さらに多職種連携によるチームアプローチを実施する場合には、ソーシャルワーカーが他分野の専門職からコンサルテーションの依頼を受ける機会もある。

　このようにさまざまな形態でコンサルテーションは行われるが、コンサルタントは、対象となるクライエントが自らの社会的役割や地位を維持したり存続できるようにしようとする働きを中心に据えて支援を考案していくことが求められる。それには、クライエント・家族・地域・制度等のさまざまなサービスを一体的にとらえる視点や、ストレングスやエンパワメント、権利擁護としてのアドボカシーといった視点が欠かせない。さらにクライエントを取り巻くシステムとの相互作用のなかで現状をアセスメントし、課題解決に向けた支援プログラムに関する見解を渡すことになる[30]。

　コンサルタント、コンサルティのいずれの立場であっても、コンサルテーションの目標を定め、支援プロセスを重視し、計画的に実施することが望まれる。

2）コンサルテーションの方法

　コンサルテーションは、何の目的で、どのような契約で、どのような計画で、何を目標として行うのかということを設定することからはじめる必要がある。例えば、担当ケースの場合など、プロセスレコードを作成し、コンサルティは、どうしてコンサルテーションを受けたいのか、何に対して課題を抱えているのか、何をめざすことが支援に有効であるのか等を、コンサルタントとともにお互いに明確化していくプロセスが重要となる。

　特にプロセスコンサルテーションでは、コンサルタントは、コンサルティの内面について理解することを主軸に置いている。そのモデルは以下に示す順番で継続的に円環を描くとされる（ORJIサイクル）[31]。

①観察する（Observe）

②観察したものに情緒的に反応する（React）

③観察と感情に基づいて分析し処理し判断をくだす（Judgment）

④介入する（Intervene）

　プロセスコンサルテーションでは、コンサルタントはコンサルティと関係を築くことを重視し、それによって、コンサルティは自身の内部や外部環境において生じている出来事のプロセスに気づき、理解し、それにしたがった行動ができるようになる。すなわち、現実に対処できうるようになる関係を築くことに焦点を当てるのである。その点ではソーシャルワークの支援関係と同様であ

るとされている。

【学びの確認】

①ソーシャルワーカーにとってスーパービジョンはどうして必要なのでしょうか。スーパービジョンの意味と目的からその必要性を確認しましょう。

②スーパービジョンにおけるスーパーバイザーとスーパーバイジーの関係性は、クライエントにとってどのような意味をもつのでしょうか。

③実習期間中のスーパービジョンにおける確認事項は、スーパービジョンを受けるための基本的な姿勢や形態、ツールとどのようにつながっているのでしょうか。

④コンサルテーションにおけるコンサルタントとコンサルティとはどのような関係性なのでしょうか。また、どのようなケースの支援を検討するときに用いるのが有効でしょうか。

【引用・参考文献】

1）相澤譲治『スーパービジョンの方法』相川書房　2006年　p.3
2）黒川昭登『スーパービジョンの理論と実際』岩崎学術出版社　1992年　p.ⅱ
3）福山和女編『ソーシャルワークのスーパービジョン』ミネルヴァ書房　2007年　p.196
4）黒木保博・倉石哲也『社会福祉援助技術論』全国社会福祉協議会　1998年　p.121
5）荒川義子編『スーパービジョンの実際』川島書店　1991年　p.20
6）植田寿之『対人援助のスーパービジョン』中央法規出版　2005年　p.153
7）前掲書2）p.62
8）前掲書2）p.169
9）田尾雅夫・久保真人編『バーンアウトの理論と実際―心理学的アプローチ―』誠心書房　1996年　p.25
10）前掲書3）p.206
11）前掲書3）p.207
12）前掲書2）p.172, 180
13）相澤譲治・津田耕一編『事例を通して学ぶスーパービジョン』相川書房　2000年　p.10
14）奈良県社会福祉協議会編『ワーカーを育てるスーパービジョン』中央法規出版　2000年　p.22
15）ジェーン・ワナコット著、野村豊子・片岡靖子・岡田まり・潮谷恵子訳『スーパービジョントレーニング―対人援助専門職の専門性の向上と成長を支援する―』学文社　2020年　p.30
16）前掲書1）p.21
17）前掲書3）pp.200-201
18）石田敦「ソーシャルワーク・スーパービジョンの定義の混乱の背景にある諸問題」吉備国際大学社会福祉学部研究紀要第11号　2006年　pp.73-83
19）前掲書15）p.30
20）前掲書15）p.34

21）前掲書3）pp.223-226

22）前掲書6）p.127

23）前掲書1）p.44

24）前掲書6）p.155

25）ソーシャルワーク演習教材開発研究会編『ソーシャルワーク演習ワークブック』みらい　2008年　p.71

26）前掲書3）p.182

27）福山和女「コンサルテーションの意義と方法」岡本民夫監、久保紘章・佐藤豊道・川廷素之編『社会福祉援助技術論（上）』川島書店　2004年　pp.208-213

28）奥田いさよ『社会福祉専門職性の研究—ソーシャルワーク史からのアプローチ：わが国の定着化をめざして—』川島書店　1992年　pp.225-226

29）前掲書2）p.288

30）米本秀仁「コンサルテーションの意義と方法」北島英治・白様政和・米本秀仁編『社会福祉援助技術論（上）』ミネルヴァ書房　2007年　p.128

31）E. H. シャイン著　稲葉元吉・尾川丈一訳『プロセス・コンサルテーション—援助関係を築くこと—』白桃書房　2002年　p.121

索　引

新・社会福祉士養成課程対応
ソーシャルワーカー教育シリーズ❷

新版 ソーシャルワークの理論と方法Ⅰ
［基礎編］

2021年6月30日　初版第1刷発行
2023年3月1日　初版第2刷発行

監　　修　相　澤　譲　治
編　　集　津　田　耕　一
　　　　　橋　本　有　理　子
発　行　者　竹　鼻　均　之
発　行　所　株式会社みらい
　　　　　〒500-8137　岐阜市東興町40　第5澤田ビル
　　　　　TEL　058－247－1227(代)
　　　　　https://www.mirai-inc.jp/
印刷・製本　西濃印刷株式会社

ISBN978-4-86015-552-0　　C3036
Printed in Japan　　　乱丁本・落丁本はお取替え致します。

みらいの福祉関係書籍のご案内